Arbeitsbögen

Klasse! 1

Corinna Schicker
Sheila Brighten

OXFORD
UNIVERSITY PRESS

Inhalt

OXFORD
UNIVERSITY PRESS

Great Clarendon Street, Oxford OX2 6DP

Oxford University Press is a department of the University of Oxford.
It furthers the University's objective of excellence in research,
scholarship, and education by publishing worldwide in

Oxford New York

Athens Auckland Bangkok Bogotá Buenos Aires Cape Town
Chennai Dar es Salaam Delhi Florence Hong Kong Istanbul
Karachi Kolkata Kuala Lumpur Madrid Melbourne Mexico City
Mumbai Nairobi Paris São Paulo Shanghai Singapore Taipei
Tokyo Toronto Warsaw

with associated companies in Berlin Ibadan

Oxford is a registered trade mark of Oxford University Press in the UK
and in certain other countries

© Oxford University Press 2000

The moral rights of the authors have been asserted

Database right Oxford University Press

First published 2000
Reprinted with corrections 2001 (Euro edition)

ISBN 0 19 912341 1

Acknowledgements
The authors would like to thank the following people for their
help and advice: Sharon Brien (course consultant), Marion Dill
(language consultant).

Illustrations by Martin Aston, Phil Burrows, Stefan Chabluk,
and Mike Miller.

Handwriting by Margret Pohl and Siân May.

Designed and typeset by Hardlines, Charlbury

Printed by Athenaeum Press, Gateshead

National Curriculum Assessment   **Teacher:**   **Class:**

Names	AT	Cont. asst. units 1–3 mark/level	Kontrollen units 1–3 mark/level	Cont. asst. units 4–6 mark/level	Kontrollen units 4–6 mark/level	Cont. asst. units 7–9 mark/level	Kontrollen units 7–9 mark/level	Summary level by AT
	1							
	2							
	3							
	4							
	1							
	2							
	3							
	4							
	1							
	2							
	3							
	4							
	1							
	2							
	3							
	4							
	1							
	2							
	3							
	4							
	1							
	2							
	3							
	4							
	1							
	2							
	3							
	4							
	1							
	2							
	3							
	4							
	1							
	2							
	3							
	4							
	1							
	2							
	3							
	4							

Name: Klasse: Datum:

	Einheiten 1–3		Kontrollen 1–3		Einheiten 4–6		Kontrollen 4–6		Einheiten 7–9		Kontrollen 7–9	
	Übung	Niveau	Arbeitsblatt	Niveau	Übung	Niveau	Arbeitsblatt	Niveau	Übung	Niveau	Arbeitsblatt	Niveau
AT 1 Hören			81				85				89	
AT 2 Sprechen			82				86				90	
AT 3 Lesen			83				87				91	
AT 4 Schreiben			84				88				92	

Steffi Weber Alter: 12 Jahre Geburtstag: im Sommer (Juni)	**Meike Port** Kommt aus: Deutschland Wohnt in: Berlin (Osten)
Thomas Schreiber Alter: 13 Jahre Geburtstag: im Winter (Dezember)	**Olli Kärntner** Kommt aus: Österreich Wohnt in: Innsbruck (Westen)
Julia Moormann Alter: 11 Jahre Geburtstag: im Frühling (April)	**Ina Hamann** Kommt aus: Deutschland Wohnt in: Bremen (Norden)
David Trempek Alter: 12 Jahre Geburtstag: im Sommer (August)	**Philipp Sauer** Kommt aus: der Schweiz Wohnt in: Zürich (Norden)
Annika Hoberg Alter: 13 Jahre Geburtstag: im Herbst (Oktober)	**Lena Lemke** Kommt aus: Deutschland Wohnt in: München (Süden)
Boris Sander Alter: 11 Jahre Geburtstag: im Winter (Januar)	**Markus Haase** Kommt aus: Deutschland Wohnt in: Köln (Westen)

Name: _____

Hallo!	Hello
Guten Morgen!	Good morning
Guten Tag!	Good day
Guten Abend!	Good evening
Gute Nacht!	Good night
Tschüs!	Bye
Auf Wiedersehen!	Goodbye
Wie geht's?	How are you?
Danke, sehr gut.	Very well, thanks.
Prima.	Great.
Gut.	Fine.
Nicht so gut.	Not so good.
Schlecht.	Awful/not very well.
Wie heißt du?	What's your name?
Ich heiße Melanie.	I'm called Melanie.
Wie alt bist du?	How old are you?
Ich bin 13 Jahre alt.	I'm thirteen years old.
eins	1
zwei	2
drei	3
vier	4
fünf	5
sechs	6
sieben	7
acht	8
neun	9
zehn	10
elf	11
zwölf	12
dreizehn	13
vierzehn	14
fünfzehn	15
sechzehn	16
siebzehn	17
achtzehn	18
neunzehn	19
zwanzig	20

Wann hast du Geburtstag?	When is your birthday?
Im Frühling.	In the spring.
Im Sommer.	In the summer.
Im Herbst.	In the autumn.
Im Winter.	In the winter.
Im …	In …
Januar	January
Februar	February
März	March
April	April
Mai	May
Juni	June
Juli	July
August	August
September	September
Oktober	October
November	November
Dezember	December
Woher kommst du?	Where are you from?
Ich komme aus …	I'm from …
Deutschland	Germany
Österreich	Austria
der Schweiz	Switzerland
Großbritannien	Great Britain
Wo wohnst du?	Where do you live?
Ich wohne in Hamburg.	I live in Hamburg.
Das ist im Norden.	That's in the north.
Das ist im Süden.	That's in the south.
Das ist im Westen.	That's in the west.
Das ist im Osten.	That's in the east.

Name: _____

1   Wie alt sind sie? Hör gut zu und kreuz die passenden Zahlen an.

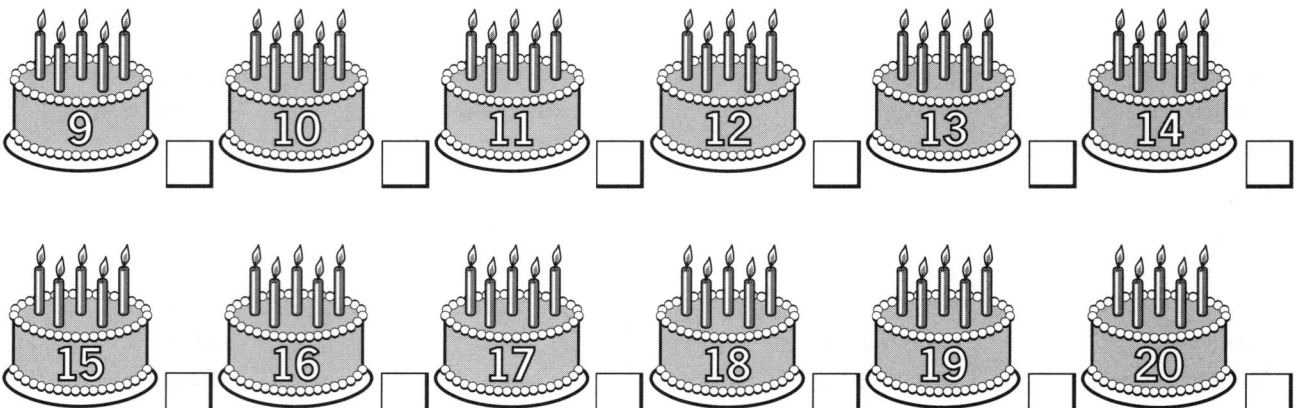

2   Wie alt sind sie und wann haben sie Geburtstag? Hör gut zu und finde die passenden Informationen.

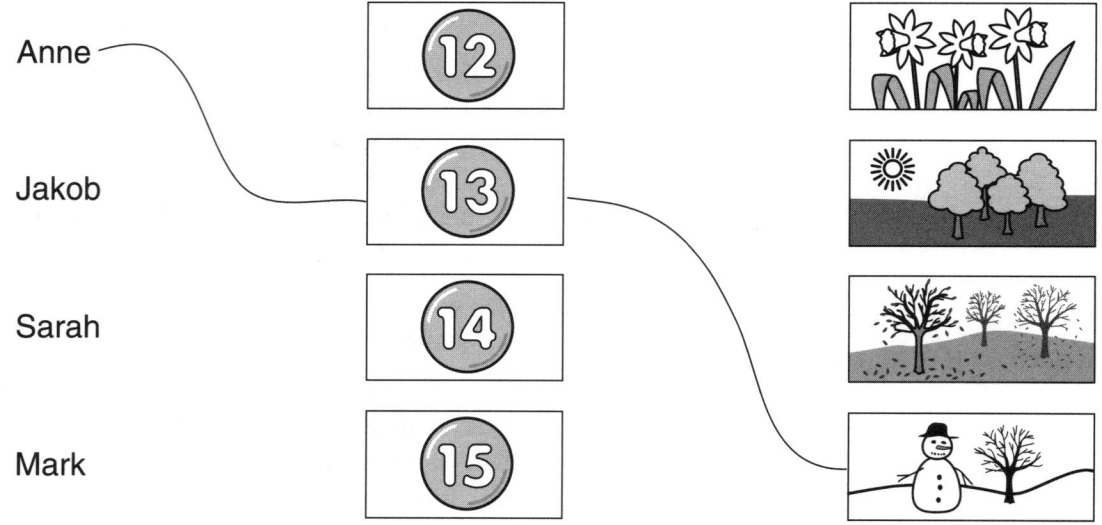

3   Hör gut zu und füll die Fragebögen aus.

Name: _____	**Name:** _____
Alter: _____	**Alter:** _____
Geburtstag: _____	**Geburtstag:** _____
kommt aus: _____	**kommt aus:** _____
wohnt in: _____	**wohnt in:** _____

Partner/Partnerin A

1a Stell Fragen für die Schüler 1–4: „Wie heißt du? Wie schreibt man das? Wie alt bist du?"
Dein Partner/deine Partnerin antwortet. Schreib die Antworten auf.

1 _____   2 _____

3 _____   4 _____

1b Dein Partner/deine Partnerin fragt: „Wie heißt du? Wie schreibt man das? Wie alt bist du?"
Antworte für die Schüler 5–8 mit den Informationen unten.

| 5 | **Claudia – 14** | 6 | **Andreas – 11** | 7 | **Ute – 17** | 8 | **Daniel – 12** |

2 Stell Steckbrief-Fragen. Dein Partner/deine Partnerin antwortet. Schreib die Antworten auf. Dann bist du dran!

Name: _____
Alter: _____
Geburtstag: _____
kommt aus: _____
wohnt in: _____

Partner/Partnerin B

1a Dein Partner/deine Partnerin fragt: „Wie heißt du? Wie schreibt man das? Wie alt bist du?"
Antworte mit den Informationen unten.

1 | **Sarah – 18** | 2 | **Werner – 15** | 3 | **Sandra – 13** | 4 | **Olaf – 16** |

1b Stell Fragen für die Schüler 5–8: „Wie heißt du? Wie schreibt man das? Wie alt bist du?"
Dein Partner/deine Partnerin antwortet. Schreib die Antworten auf.

1 _____

2 _____

3 _____

4 _____

2 Stell Steckbrief-Fragen. Dein Partner/
deine Partnerin antwortet. Schreib
die Antworten auf. Dann bist du dran!

Name: _____
Alter: _____
Geburtstag: _____
kommt aus: _____
wohnt in: _____

Name: _____

1 Woher kommen sie? Finde die passenden Bilder.

1 Ich komme aus Deutschland. ☐

2 Ich komme aus der Schweiz. ☐

3 Ich komme aus Großbritannien. ☐

4 Ich komme aus Österreich. ☐

a **A**

b **GB**

c **D**

d **CH**

2 Finde die passenden Antworten für die Fragen.

1 Wie geht's? ☐

2 Wie heißt du? ☐

3 Wie alt bist du? ☐

4 Wo wohnst du? ☐

5 Woher kommst du? ☐

a Aus Deutschland.

b In Berlin.

c 13.

d Daniel.

e Danke, gut.

3 Lies Andreas Brief und finde die passenden Bilder.

Hallo,

ich heiße Andrea. Ich bin (1) vierzehn Jahre alt. Mein Geburtstag? (2) Im Sommer – im Juni. Ich komme aus (3) der Schweiz, aber ich wohne in München. Das ist in (4) Deutschland – im (5) Süden.

Tschüs

Andrea

1a 13 ☐   b 14 ☐

2a ☐   b ☐

3a ☐   b ☐

4a ☐   b ☐

5a N ☐   b S ☐

Name: _____

1 Kreuzworträtsel – schreib die Zahlen-Wörter auf.

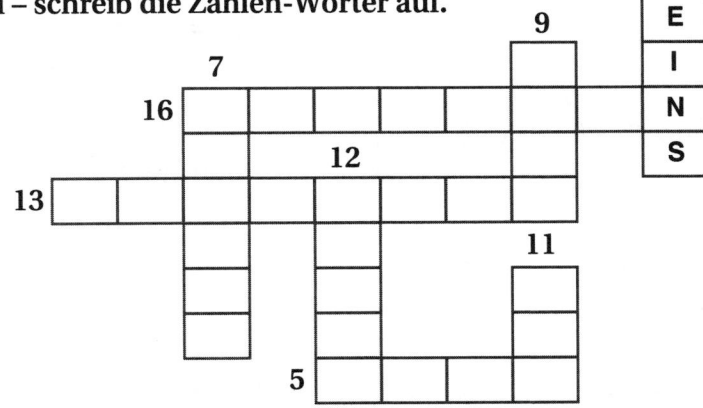

2 Wie alt sind sie? Woher kommen sie? Schreib Sprechblasen.

Beispiel: *Ich bin ... Jahre alt. Ich komme aus ...*

 1

 2

 3

 4

3 Beantworte Torstens Fragen.

1 Wie heißt du?

2 Wie alt bist du?

3 Wann hast du Geburtstag?

4 Woher kommst du?

5 Wo wohnst du?

1 _____

2 _____

3 _____

4 _____

5 _____

Name: _____

Flashback

ich = I   *du* = you

- When you use a verb with *ich*, the verb usually ends with *-e*:
  Ich wohne in Bonn.
- When you use a verb with *du*, the verb usually ends with *-st*:
  Du wohnst in Bonn.
- Some verbs already end in *-s* or *-ß*. When you use verbs like this with *du*, the verb only adds a *-t* at the end:
  Du heißt Monika.

1 Lies das Gedicht (den Text) und füll die Lücken aus.

> *Hallo, wie heiß_____ du?*
> *Ich heiße Werner.*
>
> *Hallo, Werner,*
> *ich heiß_____ Waltraut.*
>
> *Waltraut, wo wohn_____ du?*
> *Ich wohn_____ in Weimar,*
> *Werner, und du?*
>
> *Ich wohn_____ in Wesel,*
> *in W - E - S - E - L!*
>
> *Woher komm_____ du, Werner?*
> *Ich komm_____ aus Wien,*
> *aus W - I - E - N!*

2 Lies die Sprechblasen und füll die Lücken aus.

hast	komme	wohne	wohnst
heiße	heißt	kommst	

Name: _____

Flashback

It's useful to know the alphabet in German because:

- it allows you to spell words for German people and to understand when they spell words for you

- it helps you to find the meaning of words you don't know in the glossary: the words are listed in alphabetical order.

1 Schreib die Wörter in der richtigen Alphabet-Reihenfolge auf.

Sommer vier Geburtstag acht
zehn fünfzehn
Hallo! November Deutschland Mai

Flashback

Most German handwriting has certain distinctive features. If you know what these features are, you'll find handwritten extracts easier to read.

2 👥 Schreibt das Alphabet auf Englisch auf. Was ist anders? Findet die Unterschiede.

3 Deutsch oder Englisch?

1 *London*

2 *Berlin*

3 *Birmingham*

4 *Frankfurt*

5 *Glasgow*

6 *Hamburg*

Flashback

Some German words have accents (*Umlaute*) over certain letters. You've already met all of them in this unit:

ü f**ü**nf   ö zw**ö**lf   ä M**ä**rz

4 Schreib die passenden Umlaute auf.

Ich komme aus Osterreich. Ich wohne in Innsbruck. Das ist im Westen. Ich bin funfzehn Jahre alt. Mein Geburtstag ist im Fruhling – im Marz.
Tschus!

mein Vater (Stiefvater)	meine Mutter (Stiefmutter)
mein Bruder (Halbbruder)	meine Schwester (Halbschwester)
mein Großvater/Opa	meine Großmutter/Oma

Name: _____

Wer ist das?	*Who is that?*
Das ist mein/dein …	*That's my/your …*
Vater/Stiefvater	*father/stepfather*
Bruder/Halbbruder	*brother/half-brother*
Großvater/Opa	*grandfather/granddad*
Onkel	*uncle*
Das ist meine/deine …	*That's my/your …*
Mutter/Stiefmutter	*mother/stepmother*
Schwester/Halbschwester	*sister/half-sister*
Großmutter/Oma	*grandmother/granny*
Tante	*aunt*
Das sind meine …	*These are my …*
Eltern	*parents*
Geschwister	*brothers and sisters*
Großeltern	*grandparents*
Das ist …	*That is …*
ein Fisch	*a fish*
ein Hamster	*a hamster*
ein Hund	*a dog*
ein Wellensittich	*a budgie*
eine Katze	*a cat*
eine Maus	*a mouse*
eine Schildkröte	*a tortoise*
ein Kaninchen	*a rabbit*
ein Meerschweinchen	*a guinea pig*
ein Pferd	*a horse*
blau/braun/gelb	*blue/brown/yellow*
grau/grün/orange	*grey/green/orange*
rot/schwarz/weiß	*red/black/white*
Wie bist du?	*What are you like?*
Wie ist dein Bruder/ Vater/Opa?	*What is your brother/ father/grandfather like?*
Wie ist deine Schwester/Mutter/ Oma?	*What is your sister/ mother/grandmother like?*
Ich bin …	*I am …*
Er/sie ist …	*He/she is …*
Sie sind …	*They are …*
ziemlich …	*quite …*
sehr …	*very …*
nicht …	*not …*
gar nicht …	*not at all …*

alt/jung	*old/young*
ernst/frech	*serious/naughty*
faul/fleißig	*lazy/hard-working*
freundlich	*friendly*
groß/klein	*big, tall/small*
intelligent	*intelligent*
laut/leise	*noisy/quiet*
musikalisch	*musical*
sportlich	*sporty*
Hast du … ?	*Do you have … ?*
einen Bruder	*a brother*
eine Schwester	*a sister*
Geschwister	*brothers and sisters*
Ja, ich habe …	*Yes, I have …*
einen Bruder	*a brother*
eine Schwester	*a sister*
zwei Brüder	*two brothers*
zwei Schwestern	*two sisters*
Nein, ich habe keinen Bruder.	*No, I don't have a brother.*
Nein, ich habe keine Schwester.	*No, I don't have a sister.*
Ich habe keine Geschwister.	*I don't have any brothers and sisters.*
Ich bin Einzelkind.	*I'm an only child.*
Hast du ein Haustier?	*Do you have a pet?*
Hast du Haustiere?	*Do you have any pets?*
Ich habe …	*I have …*
Er/Sie hat …	*He/She has …*
einen Fisch	*a fish*
einen Hamster	*a hamster*
einen Hund	*a dog*
einen Wellensittich	*a budgie*
eine Katze	*a cat*
eine Maus	*a mouse*
eine Schildkröte	*a tortoise*
ein Kaninchen	*a rabbit*
ein Meerschweinchen	*a guinea pig*
ein Pferd	*a horse*
Ich habe keine Haustiere.	*I don't have any pets.*

Name: _____

1 🔘 Hör gut zu und kreuz die passenden Bilder an.

Carsten										
Monika										
Philipp										
Isa										
Ellen										

2 🔘 Hör gut zu und finde die passenden Fotos.

a   □

b   □

c   □

d   □

3 🔘 Annika beschreibt ihre Familie. Wie sind sie? Hör gut zu und finde die passenden Wörter für die Bilder.

a alt
b faul
c frech
d freundlich
e grau
f groß
g intelligent
h jung
i klein
j musikalisch
k schwarz
l sportlich
m weiß

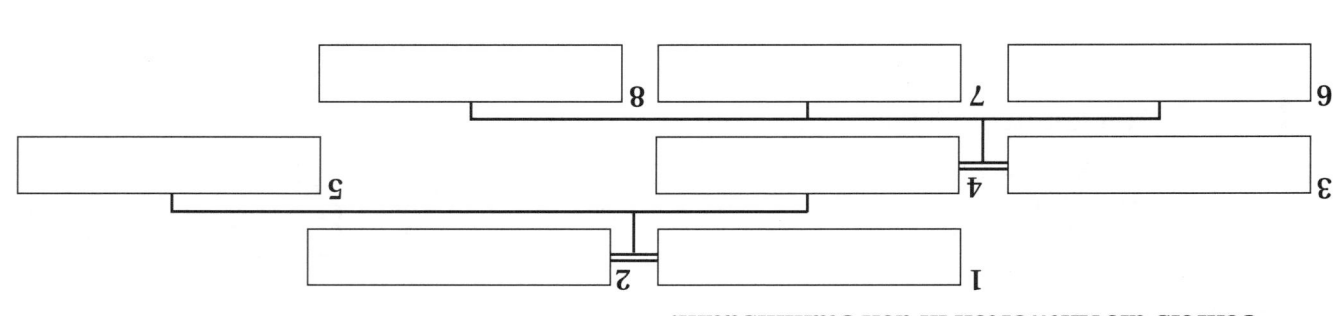

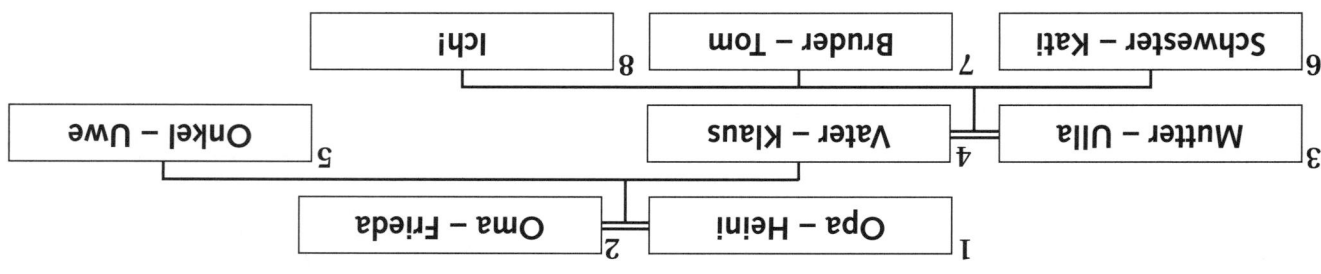

Partner/Partnerin A

1 Hier ist dein Stammbaum. Dein Partner/deine Partnerin fragt: „Wer ist Nummer … ? Wie heißt er/sie?" Antworte mit den Informationen unten.

- 1 Opa – Heini
- 2 Oma – Frieda
- 3 Mutter – Ulla
- 4 Vater – Klaus
- 5 Onkel – Uwe
- 6 Schwester – Kati
- 7 Bruder – Tom
- 8 Ich!

2 Frag deinen Partner/deine Partnerin: „Wer ist Nummer … ? Wie heißt er/sie?" Schreib die Antworten in den Stammbaum.

Partner/Partnerin B

1 Frag deinen Partner/deine Partnerin: „Wer ist Nummer … ? Wie heißt er/sie?" Schreib die Antworten in den Stammbaum.

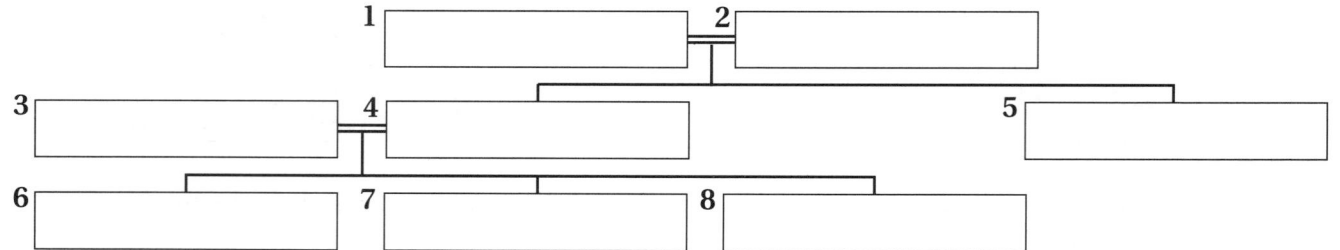

2 Hier ist dein Stammbaum. Dein Partner/deine Partnerin fragt: „Wer ist Nummer … ? Wie heißt er/sie?" Antworte mit den Informationen unten.

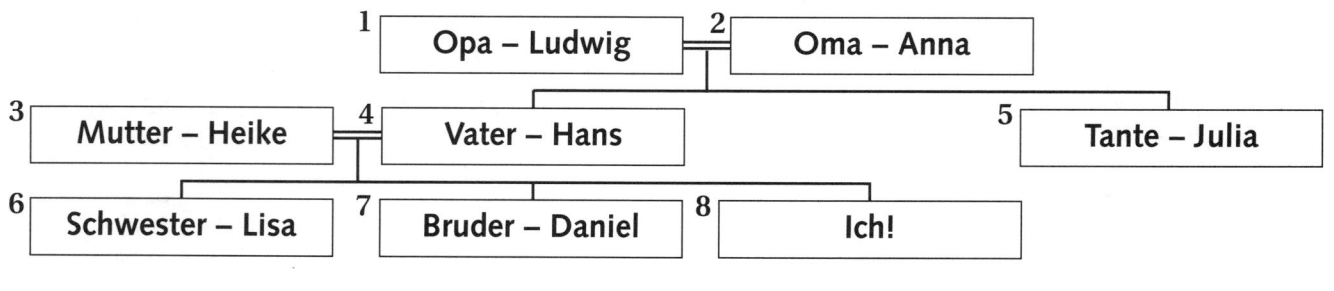

- 1 Opa – Ludwig
- 2 Oma – Anna
- 3 Mutter – Heike
- 4 Vater – Hans
- 5 Tante – Julia
- 6 Schwester – Lisa
- 7 Bruder – Daniel
- 8 Ich!

Name: _____

1a Finde die passenden Haustiere.

1b Male dann die Bilder an.

a b

1 Ich habe einen Hund. Er ist schwarz und weiß! **b**

2 Ich habe einen Wellensittich. Er ist gelb und grün. ☐

c

3 Meine Katze heißt Mizzi. Sie ist braun und orange. ☐

4 Ich habe einen Fisch. Er ist rot und blau. ☐

5 Mein Pferd ist grau und braun. Es heißt Polly. ☐

d e

2 Lies Nikos Brief und die Sätze unten. Was sagt Niko? Finde die passenden Antworten.

> Ich heiße Niko und bin 13 Jahre alt. Ich habe drei Geschwister: zwei Brüder und eine Schwester. Meine Schwester heißt Paula und sie ist sechzehn Jahre alt. Paula ist sehr musikalisch! Meine Brüder Enno und Timo sind 6 Jahre alt. Enno ist sehr groß, aber Timo ist ziemlich klein. Meine Mutter heißt Vera. Mein Vater heißt Uwe und er ist sehr sportlich. Ich habe auch einen Opa. Er ist ziemlich alt und er heißt Fritz. Ich habe ein Haustier – eine Katze.

1 Ich bin …
   a Einzelkind. ☐ b dreizehn. ☐ c sehr alt. ☐

2 Ich habe …
   a keine Geschwister. ☐ b zwei Brüder. ☐ c zwei Brüder und eine Schwester. ☐

3 Enno und Timo sind …
   a sehr groß. ☐ b sechs Jahre alt. ☐ c ziemlich klein. ☐

4 Meine Eltern heißen …
   a Paula und Enno. ☐ b Vera und Uwe. ☐ c Vera und Fritz. ☐

5 Ich habe …
   a einen Großvater. ☐ b eine Großmutter. ☐ c keine Großeltern. ☐

6 Ich habe …
   a keine Haustiere. ☐ b ein Haustier. ☐ c einen Hund. ☐

Name: _____

1   Füll die Lücken aus.

A

Mein _____ heißt

Frank. Ich habe eine

_____ . Sie heißt

_____ . Sie ist elf

_____ alt.

B

Meine _____ heißt

Murka. Ich habe einen _____ .

Er heißt _____ . Ich

habe auch eine _____ .

Sie _____ Mera.

2   Füll die Lücken in Tinas Stammbaum aus.

mein Großvater   _____

_____   _____   _____   ich!

3   Du bist dran! Zeichne einen Stammbaum für deine Familie und schreib die Wörter auf.

Name: _____

Flashback

The German word for 'a' can be 'ein' or 'eine' for the subject of a sentence:

ein is used for masculine and neuter words
eine is used for feminine words

m.	f.	n.
ein Hund	**eine** Katze	**ein** Pferd

'Ein' (masculine) changes for the object of a sentence. For example:

subject: *Das ist **ein** Hund.*   That is a dog.
object: *Ich habe **einen** Hund.*   I have a dog.

'Eine' (feminine) and 'ein' (neuter) do not change.

1   Schreib die Maskulin-Wörter in Blau auf, die Feminin-Wörter in Rot und die Neutrum-Wörter in Grün.

> ein Fisch   eine Schildkröte
> ein Hamster
> ein Hund ein Wellensittich   eine Maus
> ein Pferd   ein Kaninchen
> eine Katze   ein Meerschweinchen

2   Du hast viele Tiere! Schreib Sätze mit den Wörtern in Übung 1.

Beispiel: Ich habe einen Fisch.

Flashback

The words for 'my' and 'your' for the subject of a sentence also change depending on whether the word **that follows** is masculine, feminine, neuter or plural:

	m.	f.	n.	pl.
'my'	mein Vater	meine Mutter	mein Haustier	meine Eltern
'your'	dein Bruder	deine Schwester	dein Pferd	deine Großeltern

3   Füll die Lücken mit dem Wort *mein* oder *meine* aus.

1 _____ Vater

2 _____ Mutter

3 _____ Großeltern

4 _____ Meerschweinchen

5 _____ Schwester

6 _____ Hund

7 _____ Brüder

Name: _____

Flashback

You may still find writing in German difficult. Don't worry! The more you write in German yourself, the more practice you'll get! Here are some useful tips for writing letters in German:

- start your letter with *Liebe* if you're writing to a girl and *Lieber* if you're writing to a boy

- always add a comma after the name of the person you're writing to

- the first word after the comma should never be written with a capital letter

- finish your letter with *Tschüs* and your name, or with these greetings:

  Viele Grüße   Bis bald

Lieber David,

ich heiße Silke. Ich bin dreizehn Jahre alt. Ich komme aus Österreich, aber ich wohne in Frankfurt. Ich habe einen Bruder. Er heißt Markus und ist elf Jahre alt. Ich habe auch ein Haustier – eine Katze. Und du? Wie heißt du? Wie alt bist du und wo wohnst du?

Tschüs
Silke

1   **Hier ist Toms Brief. Füll die Lücken aus.**

Lieb____ Anne____

____ch heiße Tom. Ich wohne in Bonn. Wo wohnst ____?

_____

Tom

2   **Schreib jetzt einen Brief mit deinen Informationen (Name, Alter, Wohnort, Geschwister usw.).**

_____

_____

_____

_____

_____

_____

_____

_____

_____

_____

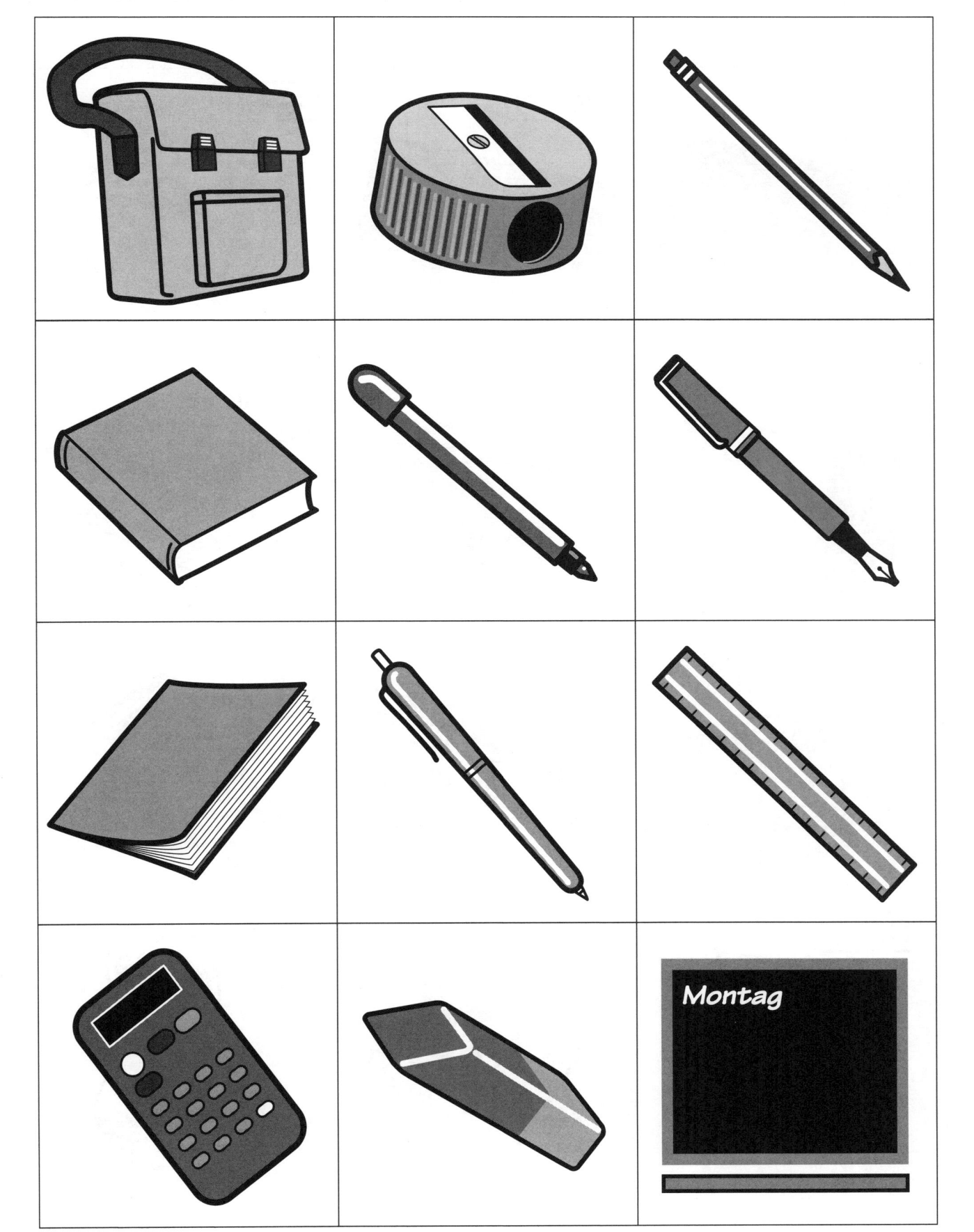

Montag

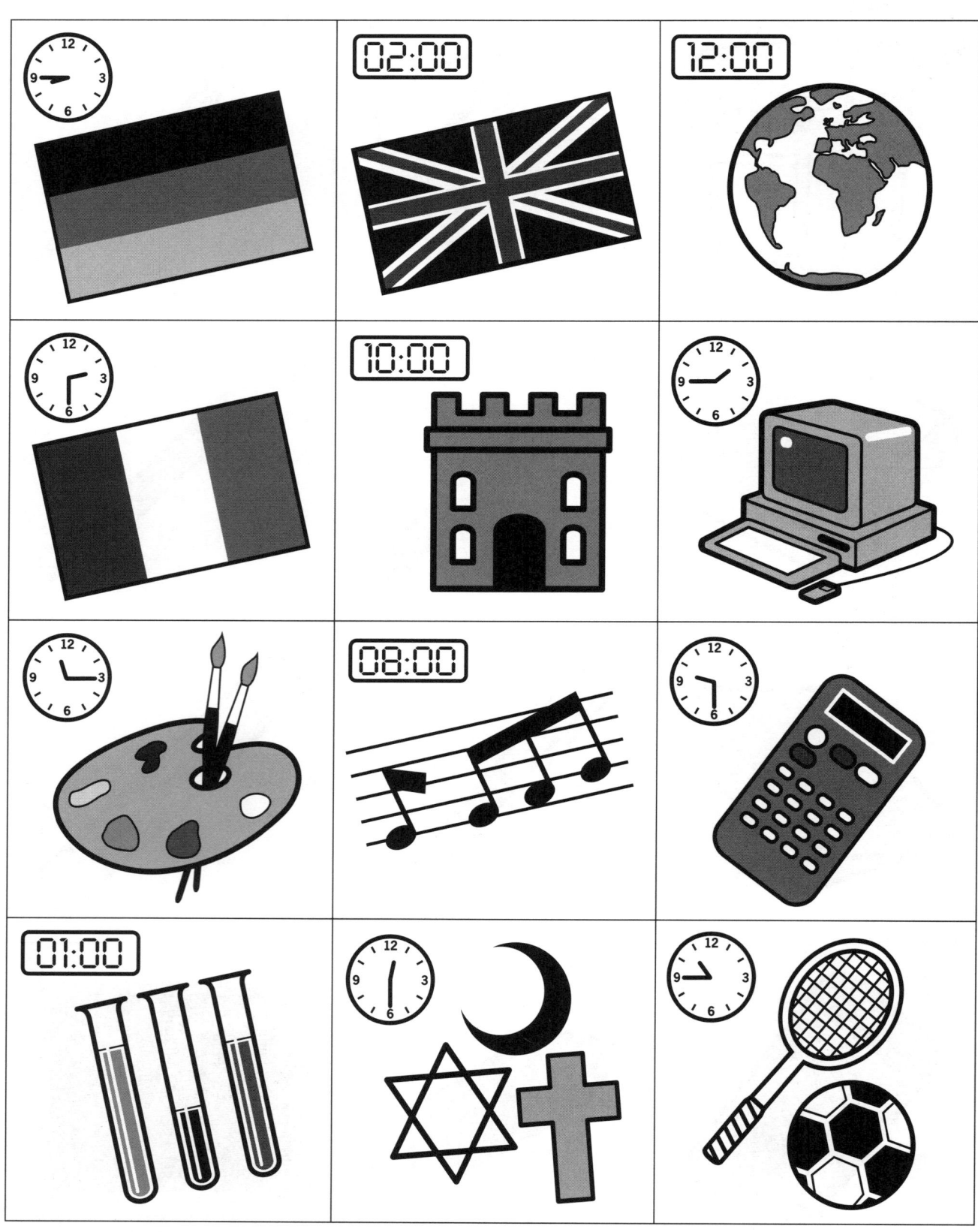

Name: _____

Wer ist das?	Who's that?
Das ist ein/mein Lehrer.	That's a/my teacher (male).
Das ist eine/meine Lehrerin.	That's a/my teacher (female).
Das ist ein Schüler.	That's a pupil (male).
Das ist eine Schülerin.	That's a pupil (female).
Was ist das?	What's that?
Das ist …	That's …
ein/mein Klassenzimmer	a/my classroom
ein/mein Stuhl	a/my chair
eine Tafel	a black/white board
ein Schreibtisch	a desk
Hast du … ?	Do you have …? (informal)
Haben Sie … ?	Do you have …? (formal)
einen Bleistift	a pencil
einen Filzstift	a felt-tip pen
einen Füller	a fountain pen
einen Kuli	a ballpoint pen
einen Rechner	a calculator
einen Radiergummi	a rubber
einen Spitzer	a pencil sharpener
eine Tasche	a bag
ein Buch	a book
ein Heft	an exercise book
ein Lineal	a ruler
Ja, ich habe …	Yes, I have …
Hier, bitte.	Here you are.
Nein, leider nicht.	No, sorry.
Ich habe keinen Kuli.	I don't have a pen.
Ich habe keine Tasche.	I don't have a bag.
Ich habe kein Buch.	I don't have a book.
Deutsch	German
Englisch	English
Erdkunde	Geography
Französisch	French
Geschichte	History
Informatik	IT
Kunst	Art
Mathe	Maths
Musik	Music
Naturwissenschaften	Science

(Biologie, Chemie, Physik)	(Biology, Chemistry, Physics)
Religion	Religious Studies
Sport	PE
Was ist dein Lieblingsfach?	What's your favourite subject?
Mein Lieblingsfach ist Sport.	My favourite subject is PE.
Wie findest du Sport?	What do you think of PE?
Magst du Sport?	Do you like PE?
Sport ist …	PE is …
Ich finde Sport …	I find PE …
prima/super	excellent/great
fantastisch/interessant	fantastic/interesting
furchtbar/langweilig	awful/boring
doof	stupid
Ich mag Sport (nicht).	I (don't) like PE.
Ich mag die Pausen!	I like break-times!
Wie spät ist es?	What's the time?
Wie viel Uhr ist es?	What time is it?
Es ist …	It's …
zwei Uhr	two o'clock
halb zwei	half past one
Viertel vor zwei	quarter to two
Viertel nach zwei	quarter past two
Mittag	noon
Mitternacht	midnight
Wann hast du … ?	When do you have … ?
Wann haben wir … ?	When do we have … ?
Wann beginnt … ?	When does … begin?
Um neun Uhr.	At nine o'clock.
Was hast du am … ?	What do you have on … ?
Am … habe ich …	On … I have …
Montag	Monday
Dienstag	Tuesday
Mittwoch	Wednesday
Donnerstag	Thursday
Freitag	Friday
Samstag	Saturday
Sonntag	Sunday
Am Samstag habe ich frei!	On Saturdays, I am free!
Am Sonntag habe ich keine Schule!	On Sundays, I don't have school!

Name: _____

1 🔊 Wie spät ist es? Hör gut zu und schreib die Uhrzeit auf.

a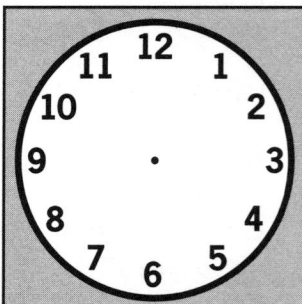

b

c

d

e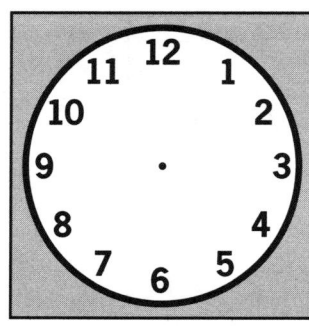

f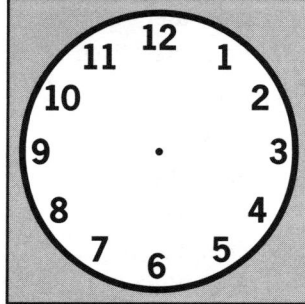

2 🔊 Was haben Hanna, Uwe, Lena und Alex am Montag? Hör gut zu und kreuz die passenden Fächer an.

	🇬🇧	🇫🇷	🎨	🇩🇪	🏰	💻	🧮	🎵	🏸	☪✝	🧪	🌍
Hanna												
Uwe												
Lena												
Alex												

3 🔊 Welche Fächer finden sie gut/nicht gut? Hör gut zu und füll die Tabelle aus (✔ = gut, ✗ = schlecht).

	🇩🇪	🇬🇧	🇫🇷	🏰	💻	🎨	🧮	🧪	🏸
Miriam									
Moritz									
Anna									

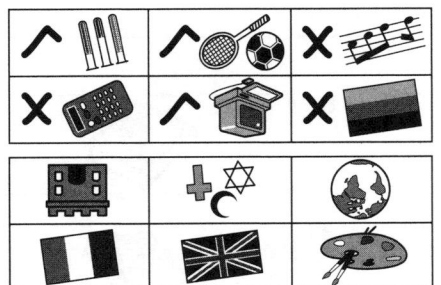

Partner/Partnerin A

1a „Was haben wir wann?" Stell Fragen. Dein Partner/deine Partnerin antwortet. Schreib die Fächer in den Stundenplan.

Beispiel:

> Was haben wir am Montag um 8.45?

	Montag	Dienstag	Mittwoch	Donnerstag	Freitag
8.00	Deutsch		Erdkunde		Kunst
8.45		Religion		Naturwiss.	
9.30	Informatik		Deutsch		Französisch
10.15		Englisch		Mathe	

1b Dein Partner/deine Partnerin fragt. Antworte mit den Informationen oben.

2a Frag deinen Partner/deine Partnerin: „Magst du …? "
Schreib die Antworten auf.

2b Dein Partner/deine Partnerin stellt Fragen. Beantworte die Fragen mit den Informationen rechts.

Partner/Partnerin B

1a Dein Partner/deine Partnerin fragt. Antworte mit den Informationen unten.

	Montag	Dienstag	Mittwoch	Donnerstag	Freitag
8.00		Naturwiss.		Geschichte	
8.45	Französisch		Englisch		Deutsch
9.30		Mathe		Informatik	
10.15	Erdkunde		Geschichte		Sport

1b „Was haben wir wann?" Stell Fragen.
Dein Partner/deine Partnerin antwortet.
Schreib die Fächer in den Stundenplan.

Beispiel:

> Was haben wir am Montag um 8.00?

2a Dein Partner/deine Partnerin stellt Fragen. Beantworte die Fragen mit den Informationen rechts.

2b Frag deinen Partner/deine Partnerin:
„Magst du … ? " Schreib die Antworten auf.

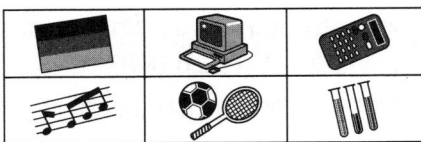

Name: _____

1 Finde die passenden Bilder.

1 ein Bleistift ☐

2 ein Buch ☐

3 ein Filzstift ☐

4 ein Füller ☐

5 ein Heft ☐

6 ein Kuli ☐

7 ein Lineal ☐

8 ein Rechner ☐

9 ein Radiergummi ☐

10 ein Spitzer ☐

a b c d e f g h i j

2 Wer sagt was? Finde die passenden Bilder.

1 Es ist Viertel vor zehn. Ich habe Mathe. ☐

2 Es ist neun Uhr. Ich habe Sport. ☐

3 Es ist halb zwölf. Wir haben Pause. ☐

4 Es ist elf Uhr. Ich habe Informatik. ☐

5 Es ist Viertel nach eins. Ich habe frei. ☐

a b c d e

3 Lies Sabrinas Brief und die Sprechblasen. Wer ist Sabrina – 1, 2 oder 3?

Ich heiße Sabrina und ich bin 14 Jahre alt. Ich wohne in Bonn. Mein Lieblingsfach ist Französisch. Ich finde Französisch fantastisch! Und ich finde Deutsch interessant. Aber ich finde Mathe langweilig. Und ich finde Naturwissenschaften furchtbar.

1 Ich habe kein Lieblingsfach, aber ich mag Französisch. Deutsch und Naturwissenschaften mag ich auch, aber ich finde Mathe furchtbar.

2 Deutsch ist mein Lieblingsfach. Mathe und Naturwissenschaften mag ich auch, aber ich mag Französisch nicht.

3 Ich mag Französisch und Deutsch. Aber ich mag zwei Fächer nicht: Naturwissenschaften und Mathe.

Name: _____

1a Schreib den Stundenplan auf Deutsch auf.

Montag	Dienstag	Mittwoch	Donnerstag	Freitag
🖩	🎨	🇮🇹	🖥	🇬🇧
🌍	🎾⚽	🇩🇪	🎵	🏰

Montag	Dienstag	Mittwoch	Donnerstag	Freitag
Mathe				

1b Was hast du wann? Schreib Sätze.

Beispiel: Am Montag habe ich Mathe und ...

2 Was mag Simone? Was mag sie nicht? Und Tom, Doro und Ralf? Schreib Sprechblasen.

Beispiel: Ich mag ..., aber ich mag ... nicht.

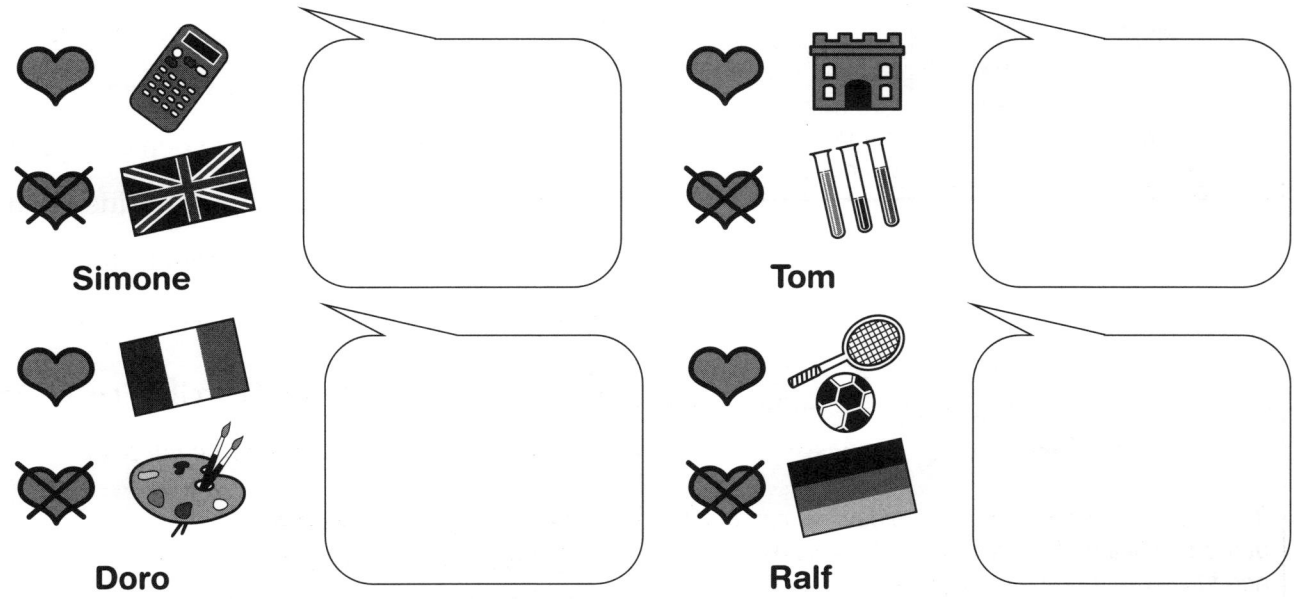

Simone

Tom

Doro

Ralf

3 Und du? Was magst du? Was magst du nicht? Schreib Sätze.

Beispiel: Ich mag Englisch, aber ich mag Erdkunde nicht.

Name: _____

Flashback

The German words for 'a' are *ein* (for masculine and neuter words) and *eine* (for feminine words).
Ein (masculine) changes to *einen* for the object of a sentence:

m.	*Das ist **ein** Kuli.*	→	*Ich habe **einen** Kuli. Hast du **einen** Kuli?*
f.	*Das ist **eine** Tasche.*	→	*Ich habe **eine** Tasche. Hast du **eine** Tasche?*
n.	*Das ist **ein** Buch.*	→	*Ich habe **ein** Buch. Hast du **ein** Buch?*

1a Sind die Wörter maskulin, feminin oder neutrum? Schreib die passenden Artikel auf.

Beispiel: ein Buch

1b Tom fragt: „Hast du … ?" Schreib Sprechblasen mit den Wörtern in Übung 1a.

Beispiel: (Hast du ein Buch?)

Buch   Spitzer   Heft   Filzstift   Bleistift   Radiergummi   Kuli   Füller   Rechner   Lineal   Tasche

Flashback

subject	verb	
ich	hab**e**	I have
du	ha**st**	you have
er/sie/es	hat	he/she/it has
wir	hab**en**	we have

2 Füll die Lücken aus.

hat		haben		hast	
	habe			hat	habe

1 Wann _____ wir Mathe?

2 Ich _____ Deutsch.

3 Jan _____ einen Computer.

4 Peter, _____ du einen Kuli?

5 Ich _____ kein Lieblingsfach.

6 Susi _____ keine Schule!

Flashback

If we want to emphasize the time/day, we can put it at the beginning of the sentence. This means that we need to swap round the subject and the verb:

| *Ich* | **habe** | Deutsch. |

| Am Montag | **habe** | ich | Deutsch |

4a Was hat Tom wann? Schreib Sätze für Tom.

Beispiel: Am Montag habe ich Kunst.

Montag:	**Kunst**
Dienstag:	**Mathe**
Mittwoch:	**Deutsch**
Donnerstag:	**Englisch**
Freitag:	**Informatik**

Name: _____

Flashback

Learning new words is very important if you want to make good progress in German. Here are some useful tips for learning vocabulary – try each one in turn.

1

I write new words in groups: one day I learn nouns, the next I learn verbs and so on. And I always write the English words beside them. Then I cover up the English and see how many words I understand. After that I cover up the German to see how many I can remember!

Try this with the following words:

ein Bleistift	*a pencil*	eine Lehrerin	*a (female) teacher*
ein Buch	*a book*	ein Spitzer	*a pencil sharpener*
eine Tasche	*a bag*	ein Lineal	*a ruler*

2

I use pictures to help me remember words – I draw my own symbols or pictures next to the German words.

Try this with the words from number 1

3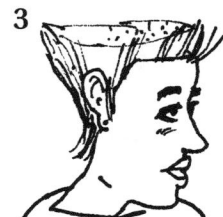

When I write down new nouns, I use different colours for *ein* (masculine), *eine* (feminine) and *ein* (neuter) nouns: I use blue for masculine, red for feminine and green for neuter.

Try this with the words from number 1.

4

I write little tests for myself and my friends – that turns learning new words into a fun game!

Try this with a partner, using the words from number 1.

5

I record new words and phrases on tape and listen to them again and again: on the way to school, on the bus ... everywhere.

Try this with the following words:

Montag	Freitag
Dienstag	Samstag
Mittwoch	Sonntag
Donnerstag	

6

I write cards which have the German word on one side and the English meaning on the other.

Try this with the words listed in number 5.

7

I write new words on post-it notes and put them up all over the house: on my desk, on the fridge, on the bathroom mirror ... That way I'll always see them!

Name: _____

zwanzig	20		
einundzwanzig	21		
zweiundzwanzig	22		
dreiundzwanzig	23		
vierundzwanzig	24		
fünfundzwanzig	25		
sechsundzwanzig	26		
siebenundzwanzig	27		
achtundzwanzig	28		
neunundzwanzig	29		
dreißig	30		
vierzig	40		
fünfzig	50		
sechzig	60		
siebzig	70		
achtzig	80		
neunzig	90		
hundert	100		

Wo wohnst du? — *Where do you live?*
Wie ist deine Adresse? — *What's your address?*
Meine Adresse ist … — *My address is …*
Meine Hausnummer ist … — *My house number is …*

Ich wohne … — *I live …*
Er/sie wohnt … — *He/she lives …*
- **in einem Bungalow** — *in a bungalow*
- **in einer Wohnung** — *in a flat*
- **in einem Haus** — *in a house*
- **in einem Doppelhaus** — *in a semi-detached house*
- **in einem Einfamilienhaus** — *in a detached house*
- **in einem Reihenhaus** — *in a terraced house*
- **in einem Dorf** — *in a village*
- **in einer Wohnsiedlung** — *on an estate*
- **in der Stadt** — *in town*
- **auf dem Land** — *in the country*
- **am Stadtrand** — *on the outskirts of the town*

Das ist … — *That is …*
- **der Garten** — *the garden*
- **der Keller** — *the cellar*
- **die Dusche** — *the shower*
- **die Garage** — *the garage*
- **die Küche** — *the kitchen*
- **das Badezimmer** — *the bathroom*
- **das Esszimmer** — *the dining room*
- **das Schlafzimmer** — *the bedroom*
- **das Wohnzimmer** — *the living room*

Die Schlafzimmer sind im zweiten Stock. — *The bedrooms are on the second floor.*
Das Badezimmer ist im ersten Stock. — *The bathroom is on the first floor.*
Das Wohnzimmer ist im Erdgeschoss. — *The living room is on the ground floor.*
Ich habe mein eigenes Zimmer. — *I have my own room.*
Ich teile mein Zimmer. — *I share my room.*
Ich habe … in meinem Zimmer. — *I have … in my room.*
- **einen Computer** — *a computer*
- **einen Fernseher** — *a TV*
- **einen Kleiderschrank** — *a wardrobe*
- **einen Schreibtisch** — *a desk*
- **einen Stuhl** — *a chair*
- **eine Lampe** — *a lamp*
- **ein Bett** — *a bed*
- **ein Poster** — *a poster*
- **eine Stereoanlage** — *a hi-fi system*
- **ein Regal** — *a shelf*
- **ein Sofa** — *a sofa*

Mein Zimmer ist groß/klein/schön. — *My room is big/small/nice.*
Der Schreibtisch ist modern/alt. — *The desk is modern/old.*

Name: _____

1 Hör gut zu und schreib die Hausnummern auf.

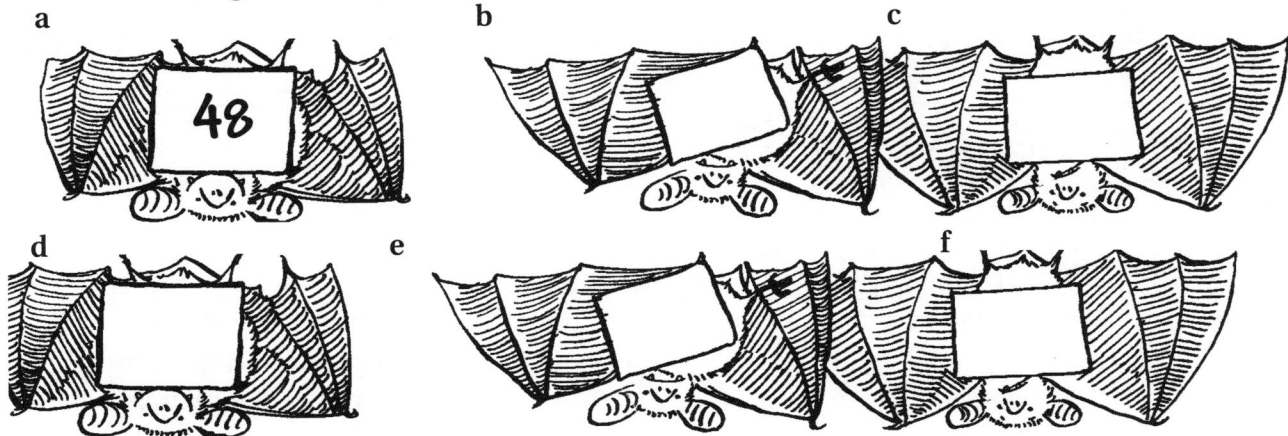

a 48
b
c
d
e
f

2 Wie ist Martins Haus? Hör gut zu und schreib die richtige Reihenfolge für die Bilder auf.

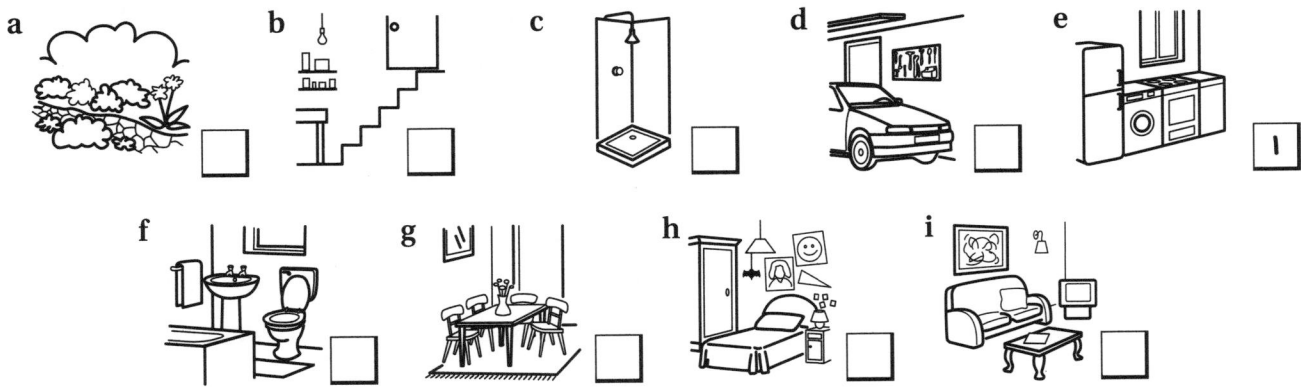

a
b
c
d
e 1
f
g
h
i

3 Wie ist alles in Martins Zimmer? Hör gut zu und finde die passenden Wörter für die Bilder.

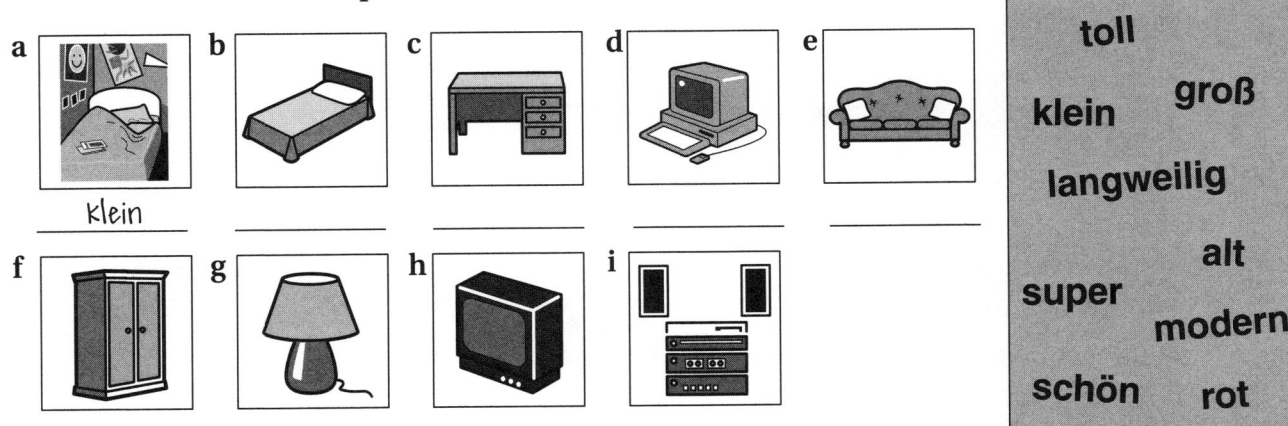

a klein
b
c
d
e

f
g
h
i

toll
klein   groß
langweilig
alt
super
modern
schön   rot

Partner/Partnerin A

1a Frag deinen Partner/deine Partnerin: „Was gibt es in deinem Zimmer? Hast du ein/eine … ?" Zeichne alles in Plan A.

1b Dein Partner/deine Partnerin stellt Fragen. Antworte mit den Informationen von Plan B.

Beispiel:
A Was gibt es in deinem Zimmer?
B In meinem Zimmer gibt es ein Sofa.
A Hast du auch einen Stuhl?
B …

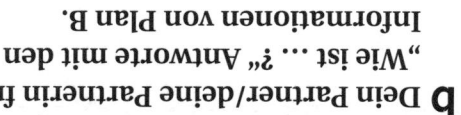

2a Welche Farben? Frag deinen Partner „Wie ist … ?" und male alles in Plan A an.

2b Dein Partner/deine Partnerin fragt: „Wie ist … ?" Antworte mit den Informationen von Plan B.

Beispiel: A Wie ist dein Bett?
B Mein Bett ist weiß.

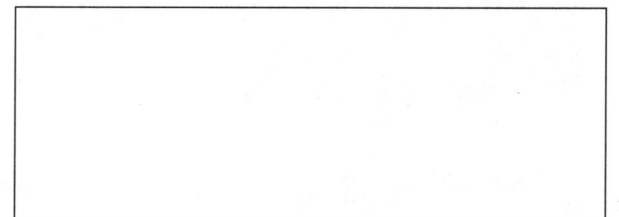
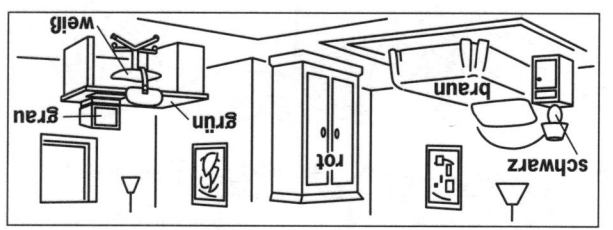

Partner/Partnerin B

1a Dein Partner/deine Partnerin stellt Fragen. Antworte mit den Informationen von Plan A.

1b Frag deinen Partner/deine Partnerin: „Was gibt es in deinem Zimmer? Hast du ein/eine … ?" Zeichne alles in Plan B.

Beispiel:

A Was gibt es in deinem Zimmer?

B In meinem Zimmer gibt es ein Bett.

A Hast du auch ein Sofa?

B …

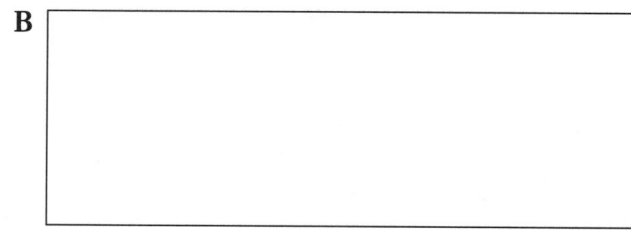

2a Dein Partner/deine Partnerin fragt: „Wie ist … ?" Antworte mit den Informationen von Plan A.

2b Welche Farben? Frag deinen Partner „Wie ist … ?" und male alles in Plan B an.

Beispiel: A Wie ist dein Bett?
B Mein Bett ist weiß.

Name: _____

1   Finde die passenden Bilder.

a

b

1 Ich wohne in einer Wohnsiedlung. ☐

2 Ich wohne in einem Dorf. ☐

c

3 Ich wohne am Stadtrand. ☐

d

e

4 Ich wohne auf dem Land. ☐

5 Ich wohne in der Stadt. ☐

2   Kreuz die passenden Sätze an.

1 Die Küche ist sehr …
   a groß. ☐   b klein. ☐

2 Das Esszimmer ist im …
   a ersten Stock. ☐   b Erdgeschoss. ☐

3 Das Badezimmer ist …
   a modern. ☐   b alt. ☐

4 Das Wohnzimmer ist im …
   a zweiten Stock. ☐   b ersten Stock. ☐

5 Nina hat …
   a ein eigenes Zimmer. ☐   b kein Zimmer. ☐

6 Das Haus hat …
   a keinen Keller. ☐   b keine Garage. ☐

3   Lies Ralfs Brief. Sind die Sätze richtig oder falsch?

Ich heiße Ralf und ich wohne in Bonn. Ich wohne in einer Wohnung in der Stadtmitte. Die Wohnung ist sehr groß und sehr schön, aber sie hat keinen Garten und keine Garage. Das Wohnzimmer, die Küche und das Esszimmer sind im Erdgeschoss. Das Badezimmer und die Schlafzimmer sind im ersten Stock. Die Wohnung hat zwei Schlafzimmer. Ich habe mein eigenes Zimmer. Ich mag mein Zimmer – es ist sehr schön und groß. In meinem Zimmer gibt es ein Bett, ein Sofa, eine Lampe, einen Computer und einen Schreibtisch.

	Richtig	Falsch
1 Ralf wohnt am Stadtrand.		
2 Die Wohnung ist nicht klein.		
3 Es gibt einen Garten, aber keine Garage.		
4 Im Erdgeschoss sind drei Zimmer.		
5 Ralf teilt ein Zimmer.		
6 Ralfs Zimmer ist im Erdgeschoss.		
7 Er findet das Zimmer nicht schön.		
8 Er hat einen Computer.		

Name: _____

1 Schreib die Haus-Wörter mit dem Wort
der, *die* oder *das* auf.

d _____

a _____

e _____

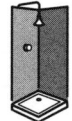

b _____

f _____

c _____

g _____

2a Schreib Antworten für die Fragen.

1 Wie ist deine Adresse? _____

2 Wo wohnst du? _____

3 Wo ist das Wohnzimmer? _____

4 Hast du ein eigenes Zimmer? _____

5 Was gibt es in deinem Zimmer? _____

2b Du bist dran! Schreib deine eigenen
Antworten für die Fragen (Übung 2a).

3 Beschreib das Haus rechts:

• Wo sind die Zimmer?

• Wie sind die Zimmer?

• Was gibt es in den Zimmern?

Name: _____

Flashback

There are different endings for the German words for 'a' when they follow the word 'in'.

If the place where you live is masculine, use:
in einem Bungalow

If the place where you live is feminine, use:
in einer Wohnung

If the place where you live is neuter, use:
in einem Dorf

1a Maskulinum, Femininum oder Neutrum? Schreib die Wörter in drei Listen.

Doppelhaus Dorf Bungalow
Reihenhaus Haus Wohnsiedlung
Wohnung

1b Wo wohnst du? Schreib Sätze für die Wörter.

Beispiel:
Ich wohne in einem Doppelhaus.

2 Schreib die Wörter richtig auf: in Blau für Maskulin-Wörter, in Rot für Feminin-Wörter, in Grün für Neutrum-Wörter und in Schwarz für Plural-Wörter.

die Stereoanlage   der Schreibtisch
das Bett   das Poster   der Stuhl
die Schlafzimmer   die Lampe

Flashback

There are four German words for 'the'; which one you use depends on whether the noun is masculine, feminine, neuter or plural:

Das ist … der Keller. (m.)
die Küche. (f.)
das Wohnzimmer. (n.)

Das sind die Schlafzimmer. (pl.)

Flashback

Remember that masculine nouns add an *-en* to their article after certain verbs:

Das ist ein Stuhl.　　　*Ich habe einen Stuhl in meinem Zimmer.*
Das ist ein Kleiderschrank.　*In meinem Zimmer gibt es einen Kleiderschrank.*

This only affects masculine nouns, so just make sure you always learn new nouns with their correct gender.

3a Hier ist Toms Zimmer. Was ist was? Schreib die Wörter mit den passenden Artikeln auf. Sieh auch Arbeitsblatt 30 (Vokabular).

Beispiel:

ein Kleiderschrank.

3b Was gibt es in Toms Zimmer? Schreib Sätze.

Beispiel:

In meinem Zimmer gibt es einen Kleiderschrank.

Name: _____

Flashback

The more German you write, the more practice you get! Try these suggestions:

- Write small cartoons in German – like *Tom und Tobi.*
- Write letters to a pen-friend in Germany, Switzerland or Austria.
- Write your diary in German.

1 Schreib Sprechblasen für Tom.

2 Lies Annes Brief und schreib dann einen Antwortbrief.

Liebe Jessica,
ich heiße Anne und ich bin 12 Jahre alt. Ich wohne in Hamburg in einer Wohnsiedlung. Ich wohne in einem Doppelhaus. Ich habe ein eigenes Zimmer. Mein Zimmer ist sehr schön und groß. In meinem Zimmer gibt es ein Bett, einen Kleiderschrank, einen Schreibtisch und einen Computer. Mein Computer ist sehr modern! Ich habe auch einen Fernseher in meinem Zimmer.

Viele Grüße
Anne

Flashback

How to write German numbers up to 100:

21   1 + 20 = einundzwanzig

65   5 + 60 = fünfundsechzig

99   9 + 90 = neunundneunzig

4 Schreib die Zahlen auf.

26	**81**
44	**59**
37	**68**

3 Schreib dein Tagebuch – für Montag, Dienstag usw.

Beispiel:

9 Uhr: Schule
4 Uhr: Sport

Name: _____

Was isst du?	What are you eating?
Was trinkst du?	What are you drinking?
Ich esse …	I'm eating …
einen Apfel	an apple
eine Banane	a banana
Brot/Brötchen	bread/bread rolls
Fisch	fish
ein Ei	an egg
Jogurt	yoghurt
Käse	cheese
Kartoffeln	potatoes
Nudeln	pasta
Salat	salad
Wurst	sausage

Ich trinke …	I'm drinking …
Cola	coke
Milch	milk
Orangensaft	orange juice

Was isst du …	What do you eat …
zum Frühstück?	for breakfast?
zum Mittagessen?	for lunch?
zum Abendessen?	for dinner?

| Ich esse normalerweise Brot. | I usually eat bread. |
| Ich esse meistens Nudeln. | I mainly eat pasta. |

Zum Frühstück esse ich …	For breakfast I eat …
Cornflakes/Müsli	cornflakes/muesli
Brot mit Marmelade	bread with marmelade
Brötchen mit Honig	bread rolls with honey
Zum Mittagessen esse ich Hähnchen mit Reis.	For lunch I eat chicken with rice.
Zum Abendessen esse ich Brot mit Butter und Käse.	For dinner I eat bread with butter and cheese.

Was trinkst du …	What do you drink …
zum Frühstück?	for breakfast?
zum Mittagessen?	for lunch?
zum Abendessen?	for dinner?
Zum Frühstück trinke ich Kaffee.	At breakfast I drink coffee.

| Zum Mittagessen trinke ich Wasser. | At lunch I drink water. |
| Zum Abendessen trinke ich Tee. | At dinner I drink tea. |

Was isst du gern?	What do you like to eat?
Was trinkst du gern?	What do you like to drink?
Was isst du nicht gern?	What do you not like to eat?
Was trinkst du nicht gern?	What do you not like to drink?
Ich esse (nicht) gern …	I (don't) like to eat …
Fleisch	meat
Gemüse	vegetables
Obst	fruit
Pommes frites	fries
Ich trinke (nicht) gern …	I (don't) like to drink …
Kaffee	coffee
Milch	milk
Ich esse …	I …
keinen Fisch	don't eat fish
keine Wurst	don't eat sausage
kein Gemüse	don't eat vegetables
keine Pommes frites	don't eat fries
Ich trinke …	I …
keinen Kaffee	don't drink coffee
keine Milch	don't drink milk
kein Wasser	don't drink water

Ich mache Pizza mit …	I'm making a pizza with …
Ei	egg
Paprika	peppers
Pilzen	mushrooms
Schinken	ham
Thunfisch	tuna
Wurst	sausage
Man braucht …	You need …
Käse	cheese
Pilze	mushrooms
Spinat	spinach
Tomaten	tomatoes
Zwiebeln	onions
Mein Lieblingsessen ist Pizza mit Thunfisch.	My favourite food is pizza with tuna.

Name: _____

1 🎞️ Was ist auf Lenas Einkaufsliste? Hör gut zu und schreib die richtige Reihenfolge für die Bilder auf.

a  □
b 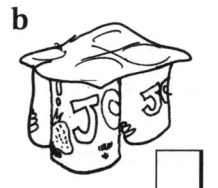 □
c 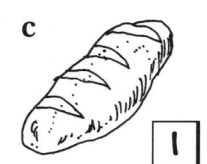 |
d 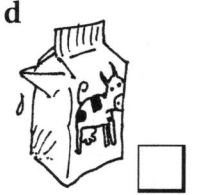 □
e 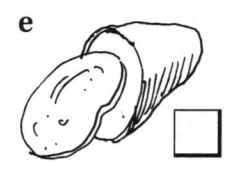 □

f 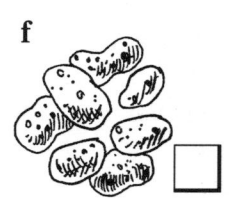 □
g 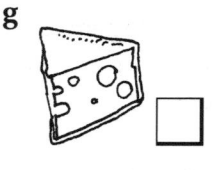 □
h  □
i 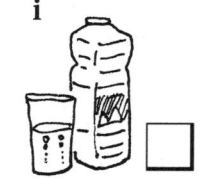 □
j 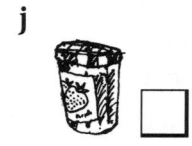 □

2 🎞️ Was essen Atalay und seine Mutter zum Abendessen? Hör gut zu und schreib *A* (*Atalay*) oder *M* (*Mutti*) in die passenden Kästchen.

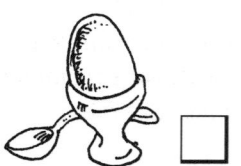 □
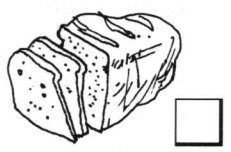 □
 A
 □

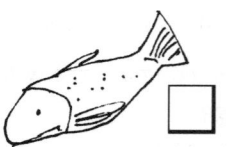 □
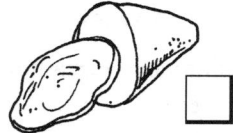 □
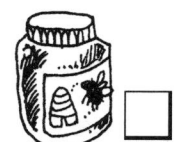 □
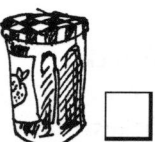 □

 □
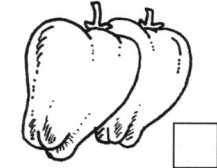 □
 □
 □

 □
 □
 □
 □

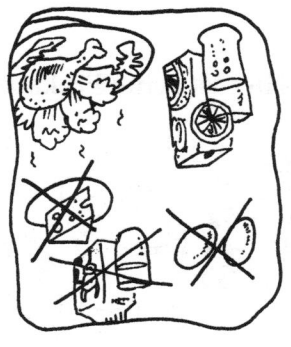

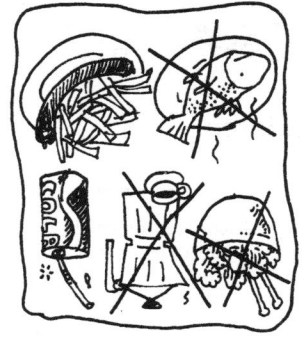

Partner/Partnerin A

1 Wähle ein Bild (1–4). Dein Partner/ deine Partnerin stellt Fragen. Beantworte die Fragen.

2 Stell Fragen. Dein Partner/deine Partnerin antwortet. Finde das passende Bild (1–4).

- Was isst du gern?
- Was trinkst du gern?
- Was isst du nicht gern?
- Was trinkst du nicht gern?

3 Du bist dran! Macht weitere Dialoge mit den Fragen in Übung 2.

- -

Partner/Partnerin B

1 Stell Fragen. Dein Partner/deine Partnerin antwortet. Finde das passende Bild (1–4).

- Was isst du gern?
- Was trinkst du gern?
- Was isst du nicht gern?
- Was trinkst du nicht gern?

2 Wähle ein Bild (1–4). Dein Partner/ deine Partnerin stellt Fragen. Beantworte die Fragen.

3 Du bist dran! Macht weitere Dialoge mit den Fragen in Übung 1.

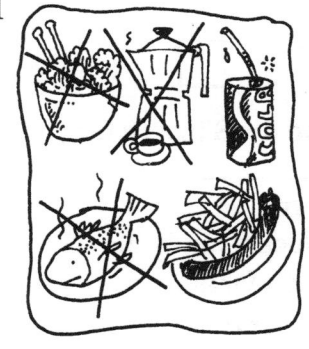

Name: _____

1 Maxi-Monster macht Monster-Frühstück. Hier ist seine Einkaufsliste.
Finde die passenden Bilder.

1 Brot	☐	5 Brötchen	☐
2 Müsli	☐	6 Milch	☐
3 Kaffee	☐	7 Cornflakes	☐
4 Marmelade	☐	8 Orangensaft	☐

2 Finde die passenden Bilder für die Sprechblasen.

1 Ich esse gern Brötchen mit Käse. Und ich esse gern Fleisch und Kartoffeln! ☐

2 Ich esse kein Fleisch. Aber ich esse sehr gern Fisch und Käse. ☐

3 Ich esse gern Salat und Gemüse. Aber ich esse nicht gern Fisch und Käse. ☐

a
Pizza-Restaurant am Markt

Thunfisch-Pizza mit Spinat und Tomatensalat

b
Hamburger-Restaurant

Super-Hamburger mit Käse und Pommes frites

c
Meyers Imbiss

Hähnchen mit Reis und Salat (Paprika und Tomaten)

3 Lies Silkes Brief. Sind die Sätze richtig oder falsch?

Zum Mittagessen esse ich gern Hähnchen mit Reis oder Nudeln mit Käse. Manchmal gibt es auch Pizza mit Wurst oder Schinken – lecker! Ich esse nicht gern Salat. Aber ich esse gern Obst – ich esse eine Banane oder einen Apfel. Zum Mittagessen trinke ich Wasser oder manchmal Cola.

Zum Abendessen gibt es Brot mit Butter und Käse. Ich esse zum Abendessen auch gern Brötchen mit Schinken oder Wurst. Manchmal esse ich auch ein gekochtes Ei. Zum Abendessen trinke ich Tee.

		Richtig	Falsch
1	Zum Mittagessen esse ich kein Fleisch.		
2	Ich esse gern Pizza und Obst, aber keinen Salat.		
3	Ich trinke zum Mittagessen Orangensaft.		
4	Zum Abendessen esse ich Brot oder Brötchen.		
5	Zum Abendessen esse ich kein Ei.		
6	Ich trinke zum Abendessen gern Kaffee.		

Name: _____

1   Hier ist eine Umfrage – das Thema ist ‚Lieblingsessen'. Schreib die Wörter auf.

Essen		Trinken	
1	Pommes frites	1	
2		2	
3		3	
4		4	
5		5	

2   Du bist dran! Was isst du gern/nicht gern? Was ist dein Lieblingsessen? Füll den Fragebogen aus – für a) Frühstück, b) Mittagessen und c) Abendessen.

a

Zum Frühstück esse/trinke ich am liebsten ....

....

Ich esse/trinke nicht gern ....

....

Ich finde .... lecker.
Ich finde .... furchtbar.

b

Zum Mittagessen esse/trinke ich am liebsten ....

....

Ich esse/trinke nicht gern ....

....

Ich finde .... lecker.
Ich finde .... furchtbar.

c

Zum Abendessen esse/trinke ich am liebsten ....

....

Ich esse/trinke nicht gern ....

....

Ich finde .... lecker.
Ich finde .... furchtbar.

Name: _____

When you want to say that you like eating or drinking something, put *gern* after the verb:
Ich esse **gern** *Käse.*
Ich trinke **gern** *Cola.*

When you want to say that you don't like eating or drinking something, put *nicht* before *gern*:
Ich esse **nicht gern** *Käse.*
Ich trinke **nicht gern** *Cola.*

1 Was isst und trinkt Tom gern? Was isst und trinkt er nicht gern? Schreib Sprechblasen für Tom.

Beispiel: **a** Ich trinke gern Orangensaft.

When you want to say you don't eat or drink something at all, put *keinen, keine* or *kein* before the noun:

masculine words	→	*Ich esse* **keinen** *Käse.*
feminine words	→	*Ich trinke* **keine** *Milch.*
neuter words	→	*Ich esse* **kein** *Ei.*
plural words	→	*Ich esse* **keine** *Pommes frites.*

2 Maxi-Monster macht Mittagessen für Viola-Vampir. Was isst Viola nicht? Füll die Lücken aus.

1 Ich esse _____keinen_____ Käse!

2 Ich esse _____ Obst!

3 Ich esse _____ Schinken!

4 Ich esse _____ Gemüse!

5 Ich esse _____ Brot!

6 Ich esse _____ Thunfisch!

7 Ich esse _____ Salat!

8 Ich esse _____ Kartoffeln!

Name: _____

Flashback

Dictionaries don't just tell you the meaning of a word. They may also tell you what type of word it is (verb, adjective, noun, etc.). For nouns, they also tell you what their article (*der/die/das*) or gender (m./f./n.) and plural are. All this is helpful when deciding which German word to use.

1 Sind diese Wörter Nomen (*nouns*), Adjektive (*adjectives*) oder Verben (*verbs*)?

school *n.* Schule *die* (PL *die* Schulen)

share *v.* teilen; **I'm sharing a room with Lucy** ich teile ein Zimmer mit Lucy

small *adj.* klein; **a small dog** ein kleiner Hund

Nouns

German plurals vary a lot – there are no rules. That's why it's always important to learn new nouns with their plural and their article/gender. The article is always shown after the German noun, and the plural is put in brackets before the English meaning:

Buch *das* (PL *die* Bücher) book

Verbs

German verbs are always shown in their infinitive form ('to …'). They always end in *-n* or *-en*.

finden *verb* (IMPERF **fand**, PERF **hat gefunden**) **1** to find; **2** to think; **wie findest du das?** what do you think of it?

2 Finde den Plural für die Wörter.

1 das Zimmer _____
2 das Haus _____
3 die Wohnung _____
4 die Stadt _____
5 der Bungalow _____
6 der Kleiderschrank _____

3 Finde die Infinitive für die Verben.

1 Ich **heiße** Karin. _____
2 **Trinkst** du Milch? _____
3 Wir **wohnen** in Berlin. _____
4 Tom **hat** ein eigenes Zimmer. _____

Name: _____

Wie viel Geld hast du?	*How much money have you got?*
Ich habe/Wir haben vier Euro dreißig.	*I've/We've got 4 Euros and 30 Cents.*
Was kostet das?	*How much is that?*
Was kostet … ?	*How much is … ?*
eine Packung Kekse	*a packet of biscuits*
eine Tüte Chips	*a bag of crisps*
eine Dose Cola	*a can of coke*
eine Flasche Limonade	*a bottle of lemonade*
Kartoffelsalat	*potato salad*
Was kosten … ?	*How much are … ?*
vier Becher Jogurt	*four pots of yoghurt*
zwei Packungen Kekse	*two packets of biscuits*
zwei Tüten Chips	*two bags of crisps*
sechs Dosen Cola	*six cans of coke*
zwei Flaschen Limonade	*two bottles of lemonade*
Eine Tüte Chips kostet …	*A bag of crisps costs …*
Sechs Dosen Cola kosten …	*Six cans of coke cost …*
Was darf es sein?	*What would you like?*
250 Gramm Schinken, bitte.	*250 grams of ham, please.*
Ich möchte …, bitte.	*I'd like …, please.*
ein Kilo Kartoffeln	*a kilo of potatoes*
ein halbes Kilo Bananen	*half a kilo of bananas*
ein Pfund Käse	*a pound of cheese*
500 Gramm Schinken	*500 grams of ham*
Sonst noch etwas?	*Anything else?*
Nein, danke. Das ist alles.	*No, thanks. That's all.*

hundert	100	**sechshundert**	600
zweihundert	200	**siebenhundert**	700
dreihundert	300	**achthundert**	800
vierhundert	400	**neunhundert**	900
fünfhundert	500	**tausend**	1000

Wo kauft man … ?	*Where do you buy … ?*
Brot/Wurst	*bread/sausage*
Bananen/Käse	*bananas/cheese*
Brot kauft man in der Bäckerei.	*You buy bread at the baker's.*
Wurst kauft man in der Metzgerei.	*You buy sausage at the butcher's.*
Bananen kauft man im Gemüseladen.	*You buy bananas at the greengrocer's.*
Käse kauft man im Lebensmittelgeschäft.	*You buy cheese at the grocer's.*

Was nimmst du?	*What are you going to have?*
Ich nehme …	*I'll have …*
ein Vanilleeis	*a vanilla ice-cream*
ein Schokoladeneis	*a chocolate ice-cream*
ein Mokkaeis	*a mocha ice-cream*
ein Erdbeereis	*a strawberry ice-cream*
ein Himbeereis	*a raspberry ice-cream*
ein Zitroneneis	*a lemon ice-cream*
mit Sahne	*with cream*
ohne Sahne	*without cream*
Ich kaufe …	*I'm going to buy …*
Ich nehme …	*I'll have …*
Ich möchte …, bitte.	*I'd like …, please.*
einen Kuli	*a ballpoint pen*
einen Rucksack	*a rucksack*
eine Postkarte	*a postcard*
eine Mütze	*a cap*
eine Tafel Schokolade	*a bar of chocolate*
ein T-Shirt	*a T-shirt*
ein Poster	*a poster*
ein Stofftier	*a cuddly toy*
Wo finde ich … ?	*Where do I find … ?*
Bücher/Zeitschriften	*books/magazines*
CDs/Junge Mode	*CDs/teenage fashion*
Computer/Fernseher	*computers/TVs*
Schreibwaren/Schmuck	*stationery/jewellery*
Sportartikel	*sports equipment*
Im Erdgeschoss.	*On the ground floor.*
Im ersten Stock.	*On the first floor.*
Im zweiten Stock.	*On the second floor.*
Im dritten Stock.	*On the third floor.*
Bücher findest du im ersten Stock.	*You'll find books on the first floor.*
Was kostet … ?	*How much is … ?*
der Pullover/der Rock	*the jumper/the skirt*
die Bluse/die Jacke	*the blouse/the jacket*
das Hemd	*the shirt*
Was kostet die Hose/ die Jeans?	*How much are the trousers/ the jeans?*
Was kosten die Schuhe?	*How much are the shoes?*
Er/sie/es kostet …	*It costs …*
Sie kosten …	*They cost …*
Er/sie/es ist billig.	*It is cheap.*
Sie sind teuer.	*They are expensive.*

Name: _____

1 📼 Wie viel Geld haben sie? Hör gut zu und finde die passenden Bilder.

1 Claudia	b	2 David	☐

3 Meike	☐

4 Olaf	☐	5 Kati	☐

a 8,30
b 7,50
c 4,90
d 8,10
e 11,20

2a 📼 Was kaufen sie? Hör gut zu und finde die passenden Bilder.

Anne					✗			
Thomas								
Markus								
Ina								

2b 📼 Was sind die Farben? Hör noch einmal gut zu und schreib die Wörter auf.

a   b   c   d   e   f   g   h

_____ _____ _____ _____ _weiß_ _____ _____ _____

3 📼 Wie viel kauft Kai und was kostet das? Hör gut zu und füll die Lücken aus.

a   100 Gramm €
b   Gramm €
c   Gramm €
d   Gramm €

Partner/Partnerin B

1 Dein Partner/deine Partnerin fragt: „Was kostet …?" Antworte mit den Informationen unten.

Beispiel: A *Was kostet Brot?*
B *Brot kostet zwei Euro zwanzig.*

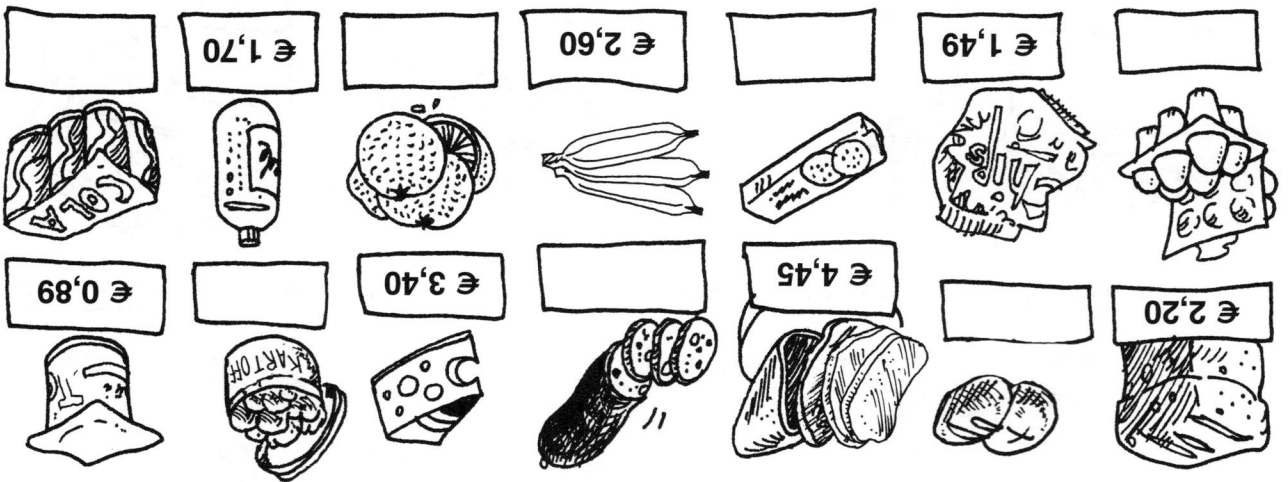

€ 0,89   € 3,40   € 4,45   € 2,20

€ 1,70   € 2,60   € 1,49

2 Was kostet …? Frag deinen Partner/deine Partnerin und schreib die Antworten auf.

Partner/Partnerin A

1 Was kostet …? Frag deinen Partner/deine Partnerin und schreib die Antworten auf.

Beispiel: A *Was kostet Brot?*
B *Brot kostet zwei Euro zwanzig.*

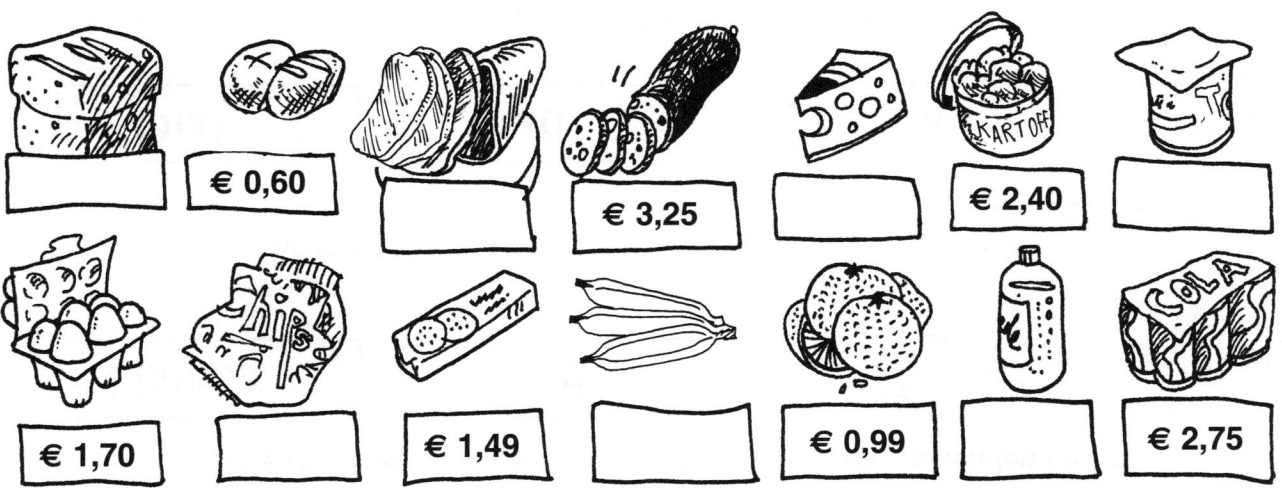

€ 0,60   € 3,25   € 2,40

€ 1,70   € 1,49   € 0,99   € 2,75

2 Dein Partner/deine Partnerin fragt: „Was kostet …?" Antworte mit den Informationen oben.

Name: _____

1   Finde 8 Souvenirs.

K	P	O	S	T	K	A	R	T	E	Z
G	P	D	M	Ü	T	Z	E	S	J	A
W	S	C	H	O	K	O	L	A	D	E
D	T	G	K	U	L	I	X	E	H	C
F	S	T	O	F	F	T	I	E	R	Q
B	G	S	P	O	S	T	E	R	W	C
H	S	Y	T	S	H	I	R	T	L	D
J	R	U	C	K	S	A	C	K	U	D

2   Hier ist Toms Einkaufsliste. Finde die passenden Bilder.

250 Gramm Schinken	f
eine Tüte Chips	
Kartoffelsalat	
eine Packung Kekse	
500 Gramm Bananen	
sechs Dosen Cola	
vier Becher Jogurt	
1 Kilo Orangen	

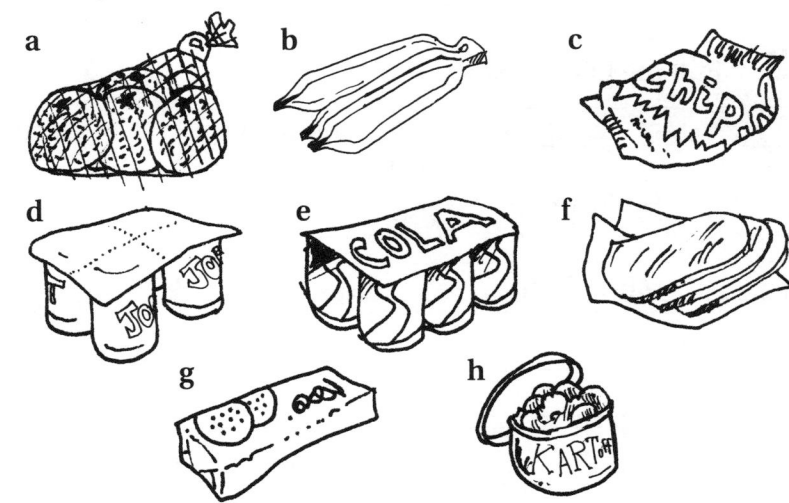

a   b   c
d   e   f
g   h

3   Wo kauft man das? Finde die passenden Bilder.

1   Wir machen ein Picknick. Wo gibt
    es Essen und Trinken?   [e]

2   Ich brauche eine Jeans und ich
    möchte eine Bluse.   [ ]

3   Zum Frühstück gibt es Brot und
    Müslibrötchen.   [ ]

4   Ich esse gern Obst – Bananen,
    Orangen ...   [ ]

5   Ich brauche ein Heft und einen Kuli
    und ich möchte auch eine CD.   [ ]

6   Ich mag Fruchteis mit Sahne – und
    ich esse gern Schokolade!   [ ]

a   *Eiscafé Napoli*

b   HERTIE KAUFHAUS

c   Garde-Bäckerei

d   Junge Mode

e    AKTIV Supermarkt

f   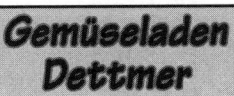 Gemüseladen Dettmer

Name: _____

1 Hier ist eine Broschüre. Schreib die Wörter auf. Schreib auch *ein* oder *eine* auf.

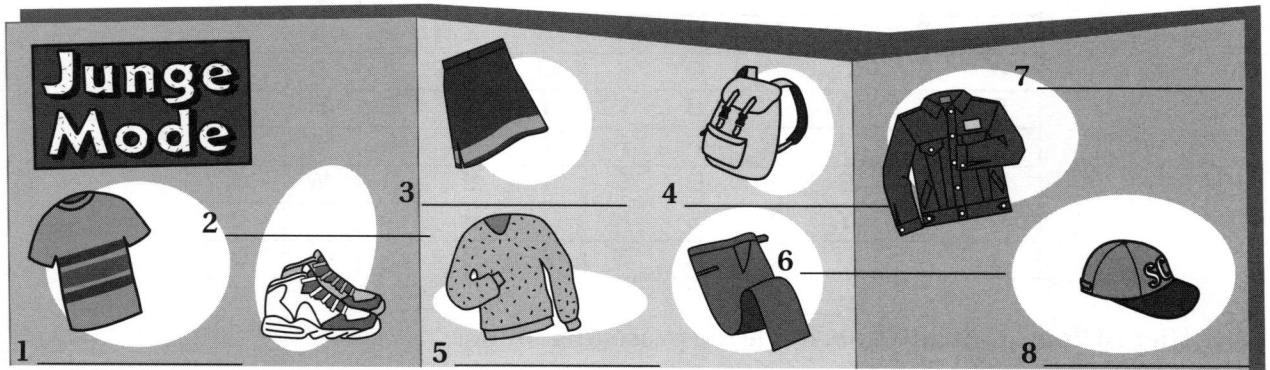

2 Füll die Lücken aus.

eine Tafel	eine Dose	200 Gramm
	eine Tüte	
eine Packung	eine Flasche	ein Becher

1	_____eine Tüte_____	Chips
2	_____	Jogurt
3	_____	Cola
4	_____	Mineralwasser
5	_____	Kekse
6	_____	Käse
7	_____	Schokolade

3a Schreib die Fragen richtig auf.

1 | kauft | Wurst | Wo | man | ? |

2 | Limonade | Was | Flasche | kostet | eine | ? |

3 | gibt | Schreibwaren | Wo | es | ? |

4 | Schuhe | kosten | Was | die | ? |

5 | es | Was | sein | darf | ? |

6 | Geld | viel | du | Wie | hast | ? |

3b Schreib Antworten für die Fragen (Übung 3a).   *Beispiel:* *1 Wurst kauft man in der Metzgerei.*

1  2  3 Erdgeschoss 4 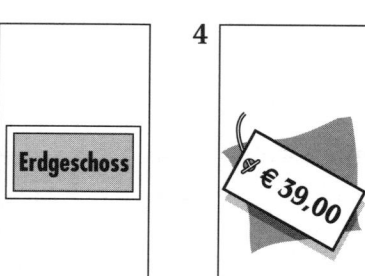 5  6

Name: _____

Flashback

You need to remember to use *einen* for masculine words after *Ich kaufe …*, *Ich möchte …*, and *Ich nehme …* Remember that *eine* (feminine) and *ein* (neuter) don't change:

Das ist **ein** Rucksack. ⟶ Ich kaufe **einen** Rucksack.

Das ist **ein** Pullover. ⟶ Ich möchte **einen** Pullover.

Das ist **ein** Kuli. ⟶ Ich nehme **einen** Kuli.

1 Tom ist in der Stadt. Er kauft Stofftiere! Füll die Lücken aus.

Ich kaufe _____ Hamster,
_____ Katze,
_____ Wellensittich,
_____ Kaninchen,
_____ Hund,
_____ Maus,
_____ Fisch und
_____ Pferd!

2 Du bist in der Stadt. Was möchtest du? Schreib eine Liste.

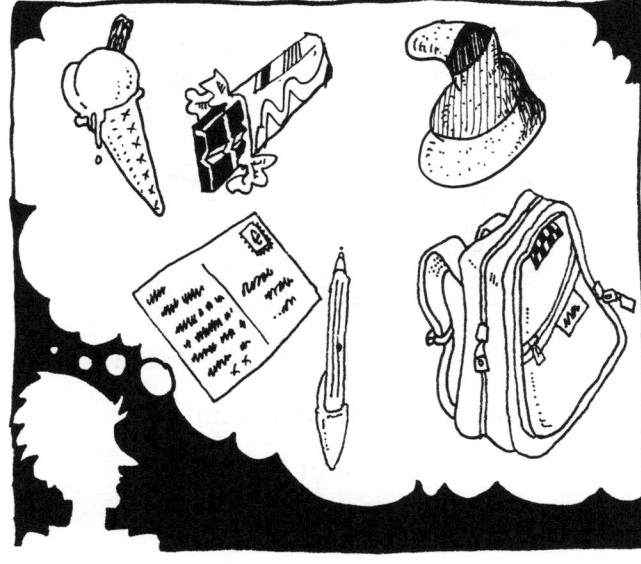

Ich möchte

Name: _____

Flashback

Don't worry if you don't understand everything in a listening text. Often, understanding the main words is enough for you to understand what the conversation is about. Preparing for a listening activity can help you make sure you pick up the main words and clues that will help you understand:

- look at the pictures or photos for clues – they'll tell you what the text is about
- think of what the text might be about and the kind of words you're going to hear
- read the questions carefully and think about what sort of answers you might hear
- concentrate on what you're asked to do at each listening
- listen to the tone of voice of the speakers to help you understand what they're talking about – do they sound happy or annoyed, for example?
- don't stop listening because there is one word you can't understand – it might not be an important one

1a 🔊 Hör gut zu und finde die passenden Antworten.

1 Wo ist Annette?

   a in der Schule ☐   **b** im Kaufhaus ☐   **c** im Supermarkt ☐

2 Was macht sie?

   a Sie isst Mittagessen. ☐   **b** Sie macht Hausaufgaben. ☐   **c** Sie kauft ein. ☐

1b 🔊 Was kauft Annette? Hör noch einmal gut zu und kreuz die passenden Bilder an.

a  ☐   **b**  ☐   **c** 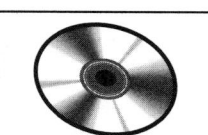 ☐   **d**  ☐

e  ☐   **f**  ☐   **g**  ☐   **h**  ☐

1c 🔊 Hör noch einmal gut zu und beantworte die Fragen auf Deutsch.

1 Welche Farbe hat der Kuli?

2 Wo findet man Bücher?

3 Wer hat Geburtstag?

4 Wie alt ist Annettes Schwester?

5 Was für ein Stofftier kauft sie?

6 Welche CD kauft Annette?

7 Wo ist Junge Mode?

8 Welche Farbe hat das T-Shirt?

Name: _____

Was ist dein Hobby?	What's your hobby?	Das ist …	That is …
Was sind deine Hobbys?	What are your hobbys?	ein Film	a film
Ich lese./Ich reite.	I read./I ride.	ein Dokumentarfilm	a documentary
Ich tanze.	I dance.	ein Trickfilm	a cartoon film
Ich spiele …	I play …	eine Musiksendung	a music programme
Computerspiele	computer games	eine Talkshow	a talk show
Karten	cards	eine Seifenoper	a soap opera
ein Instrument	an instrument	eine Serie	a series
Ich fahre Skateboard.	I go skateboarding.	eine Sportsendung	a sports programme
Ich höre Musik.	I listen to music.	Das sind die Nachrichten.	That's the news.
Ich mache/treibe Sport.	I do sport.		
Ich sehe fern.	I watch TV.	Wie findest du Filme?	What do you think of films?
Ich surfe im Internet.	I surf the Internet.	Siehst du gern Serien?	Do you like watching series?
Ich sammle Aufkleber.	I collect stickers.	Was ist deine Lieblingssendung?	What's your favourite programme?
Ich habe kein Hobby.	I don't have a hobby.		
		Ich finde …	I find …
Machst/Treibst du Sport?	Do you do sport?	Das ist …	That's …
Ich schwimme.	I swim.	lustig/spannend	funny/exciting
Ich segle./Ich turne.	I sail./I do gymnastics.	interessant	interesting
Ich spiele …	I play …	blöd/doof	stupid
Basketball/Fußball	basketball/football	langweilig	boring
Golf/Tennis	golf/tennis	Ich sehe (nicht) gern …	I (don't) like watching …
Volleyball	volleyball	Meine Lieblings-sendung ist …	My favourite programme is …
Ich fahre …	I go …	Ich sehe am liebsten …	I like watching … most of all.
Rad/Rollschuh	cycling/rollerskating		
Schlittschuh/Ski	ice-skating/skiing	Wie oft machst/treibst du Sport?	How often do you do sport?
Was machst du gern?	What do you like doing?	Wie oft spielst du Karten?	How often do you play cards?
Ich lese gern.	I like reading.	Wie oft siehst du fern?	How often do you watch TV?
Ich spiele gern Fußball.	I like playing football.	jeden Tag	every day
Was machst du nicht gern?	What do you not like doing?	jeden Morgen	every morning
Ich schwimme nicht gern.	I don't like swimming.	jeden Nachmittag	every afternoon
		jeden Abend	every evening
Ich fahre nicht gern Skateboard.	I don't like skateboarding.	morgens	in the morning
		nachmittags	in the afternoon
Was ist dein Lieblingshobby?	What's your favourite hobby?	abends	in the evening
		am Wochenende	at the weekend
Mein Lieblingshobby ist Sport.	My favourite hobby is sport.	am Montag	on Monday
		einmal pro Woche	once a week
Ich spiele am liebsten Tennis.	I like playing tennis best.	zweimal pro Monat	twice a month
		Wie spät ist es?	What time is it?
Was für eine Sendung ist das?	What kind of programme is that?	Was machst du um … Uhr?	What are you doing at … o'clock?

Name: _____

1 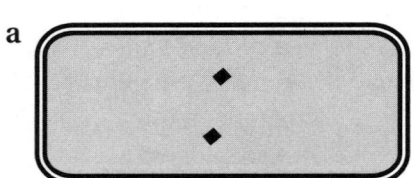 Wann surft Jana im Internet? Hör gut zu und schreib die Uhrzeit auf.

a

b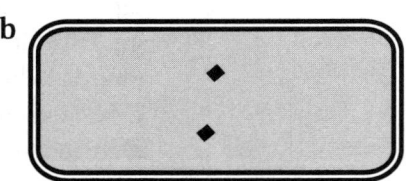

c

d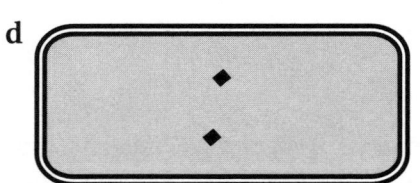

e

f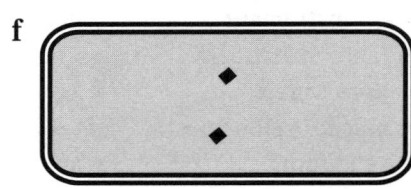

2  Wer sagt was? Hör gut zu und füll die Tabelle aus (✓ = gern, ✗ = nicht gern).

	🚲	📖	💻	🏊	🎸	🕺	📺	🏀
Timo								
Andrea								
Oliver								
Ellen								

3  Thomas hat keine Hobbys. Was sagt er? Hör gut zu und finde die passenden Wörter für die Bilder.

langweilig		

nicht sportlich

blöd

furchtbar

nicht musikalisch

nicht spannend

doof

nicht interessant

a

nicht spannend
_____
_____

b

_____
_____

c

_____
_____

d

_____
_____

Partner/Partnerin A

1 Schau die Bilder an. Frag deinen Partner: „Spielst/Fährst du gern ... ?" Schreib die Antworten auf.

Beispiel:

a Nein, ich spiele nicht gern Tennis.

a  b  c  d  e

2 Dein Partner/deine Partnerin fragt: „Spielst/Fährst du gern ... ?" Antworte mit den Informationen unten.

a  b  c  d  e

Partner/Partnerin B

1 Dein Partner/deine Partnerin fragt: „Spielst/Fährst du gern ... ?" Antworte mit den Informationen unten.

a  b  c  d  e

2 Schau die Bilder an. Frag deinen Partner: „Spielst/Fährst du gern ... ?" Schreib die Antworten auf.

Beispiel:

a Ja, ich fahre gern Ski.

a  b  c  d  e

Name: _____

1 Lies Mareikes Brief und die Steckbriefe A und B. Wer ist Mareike?

Ich heiße Mareike und ich bin 13 Jahre alt. Ich habe viele Hobbys. Ich sehe gern fern – ich finde Seifenopern super! Ich bin auch sehr sportlich – ich spiele jeden Nachmittag Tennis und ich schwimme gern. Aber ich höre am liebsten Musik. Was mache ich nicht gern? Ich spiele nicht gern Computerspiele – ich finde Computer langweilig.

A

Hobbys:
Fernsehen, Sport

Lieblingshobby:
Musikhören

Macht nicht gern:
Computerspiele

B

Hobbys:
Computer, Musikhören

Lieblingshobby:
Fernsehen

Macht nicht gern:
Sport

2 Lies den Artikel und finde die passenden Antworten.

Hallo! Ich heiße Rocky Rocko! Ich bin Popstar – ich bin die Nummer eins in der ‚Hitparade'! Ich bin 19 Jahre alt und ich habe viele Hobbys. Ich bin sehr sportlich. Ich spiele jeden Morgen Tennis und ich spiele nachmittags Fußball. Ich schwimme auch zweimal pro Woche. Und ich tanze gern – ich tanze jeden Abend. Ich sehe auch gern fern – am liebsten Musiksendungen. Meine Lieblingssendung ist natürlich die ‚Hitparade'! Aber ich sehe auch gern Talkshows und Sportsendungen. Nachrichten finde ich langweilig. Mein Lieblingshobby? Ich höre natürlich am liebsten Musik und ich spiele ein Instrument – ich bin sehr musikalisch. Was mache ich nicht gern? Ich finde Computer blöd – Computerspiele sind doof, finde ich.

1 Rocky Rocko ...

  a macht gern Sport. ☐

  b ist nicht sportlich. ☐

2 Er spielt jeden Tag ...

  a Volleyball. ☐

  b Tennis und Fußball. ☐

3 Rocky sieht am liebsten ...

  a die ‚Hitparade'. ☐

  b Talkshows. ☐

4 Sein Lieblingshobby ist ...

  a Fernsehen. ☐

  b Musik. ☐

5 Rocky spielt ...

  a ein Instrument. ☐

  b Computerspiele. ☐

Name: _____

1 Hier sind acht Sportstars. Was machen sie? Schreib Sätze.

Beispiel: a Ich fahre Skateboard.

a  b  c  d

e  f  g  h

2 Was sieht Steffi im Fernsehen – und wie oft? Schreib Sätze.

Beispiel: 1 Ich sehe jeden Abend Seifenopern.

1	2	3	4	5	6
Seifenopern / jeden Abend	nach der Schule / Talkshows	Trickfilme / morgens	einmal pro Woche / Serien	Sportsendungen am Wochenende	jeden Tag / Nachrichten

 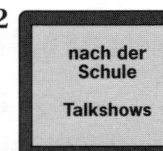 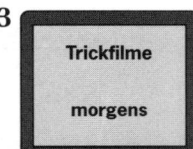 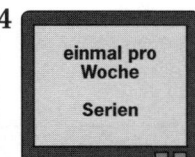 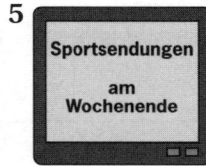 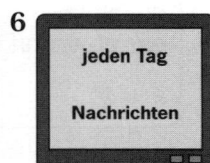

3a Dein Brieffreund/deine Brieffreundin fragt: „Was sind deine Hobbys? Was machst du gern/nicht gern? Wie oft machst du … ? Was ist dein Lieblingshobby?" Schreib einen Brief mit den Informationen unten.

Beispiel: Mein Hobby ist Computerspiele. Ich spiele jeden Morgen Computerspiele.

3b Du bist dran! Was sind deine Hobbys? Was machst du gern/nicht gern? Was ist dein Lieblingshobby? Schreib einen Brief.

Name: _____

Flashback

Some German verbs don't follow any rules for their endings. *Sein* (to be) is one of them:

ich **bin**	I am
du **bist**	you are
er/sie/es **ist**	he/she/it is
wir **sind**	we are
sie/Sie **sind**	they/you (*formal*) are

The only way to remember verbs like this is to learn them by heart.

Some German verbs change their vowel sounds as well as their endings in the *du* and the *er/sie/es* forms:

fahren (to go)	lesen (to read)	sehen (to watch)
ich f**a**hre	ich l**e**se	ich s**e**he
du f**ä**hrst	du l**ie**st	du s**ie**hst
er/sie/es f**ä**hrt	er/sie/es l**ie**st	er/sie/es s**ie**ht
a → ä	e → ie	e → ie

1 Schreib die Sätze richtig auf.

Beispiel: 1 Mein Hobby ist Sport.

1 Mein Hobby	sind	nicht musikalisch.
2 Ich	bist	Sport.
3 Was	ist	sportlich.
4 Du	sind	sehr sportlich.
5 Tom	bin	sehr musikalisch!
6 Wir	ist	deine Hobbys?

2 Füll die Lücken aus.

1 Monika f_____ Skateboard.

2 S_____ du gern Talkshows?

3 Ich l_____ am liebsten.

4 F_____ du gern Ski?

5 Tom s_____ nicht gern fern.

6 Anne f_____ am liebsten Rad.

Flashback

The verb is usually the second piece of information in a sentence:

<u>Ich</u> **spiele** Tennis.   <u>Wir</u> **sehen** fern.   <u>Es</u> **gibt** *Verbotene Liebe*.

If we want to emphasise the time, we can add it to the beginning of the sentence. When we do this, the verb still remains the second piece of information, but the subject (the person or thing doing the verb) moves to **after** the verb:

Um 14 Uhr **spiele** <u>ich</u> Tennis.   Um 20 Uhr **sehen** <u>wir</u> fern.   Um 18 Uhr 30 **gibt** <u>es</u> *Verbotene Liebe*.

3 Was machst du wann? Schreib Sätze mit den Bildern.

a  b  c  d e  f

Name: _____

Flashback

When you want to say that you like doing something, put *gern* **after** the verb:

Ich spiele **gern** Tennis.   I **like** playing tennis.
Ich lese **gern**.   I **like** reading.
Ich esse **gern** Eis.   I **like** eating ice-cream.

When you want to say that you don't like doing something, put *nicht* before *gern*:

Ich spiele **nicht gern** Tennis.   I **don't like** playing tennis.
Ich lese **nicht gern**.   I **don't like** reading.
Ich esse **nicht gern** Eis.   I **don't like** eating ice-cream.

1   Schreib Sätze.

Beispiel:

Ich spiele gern Tennis.
Ich tanze nicht gern.

1 _____

2 _____

3 _____

4 _____

5 _____

6 _____

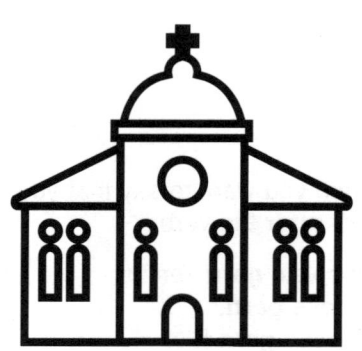

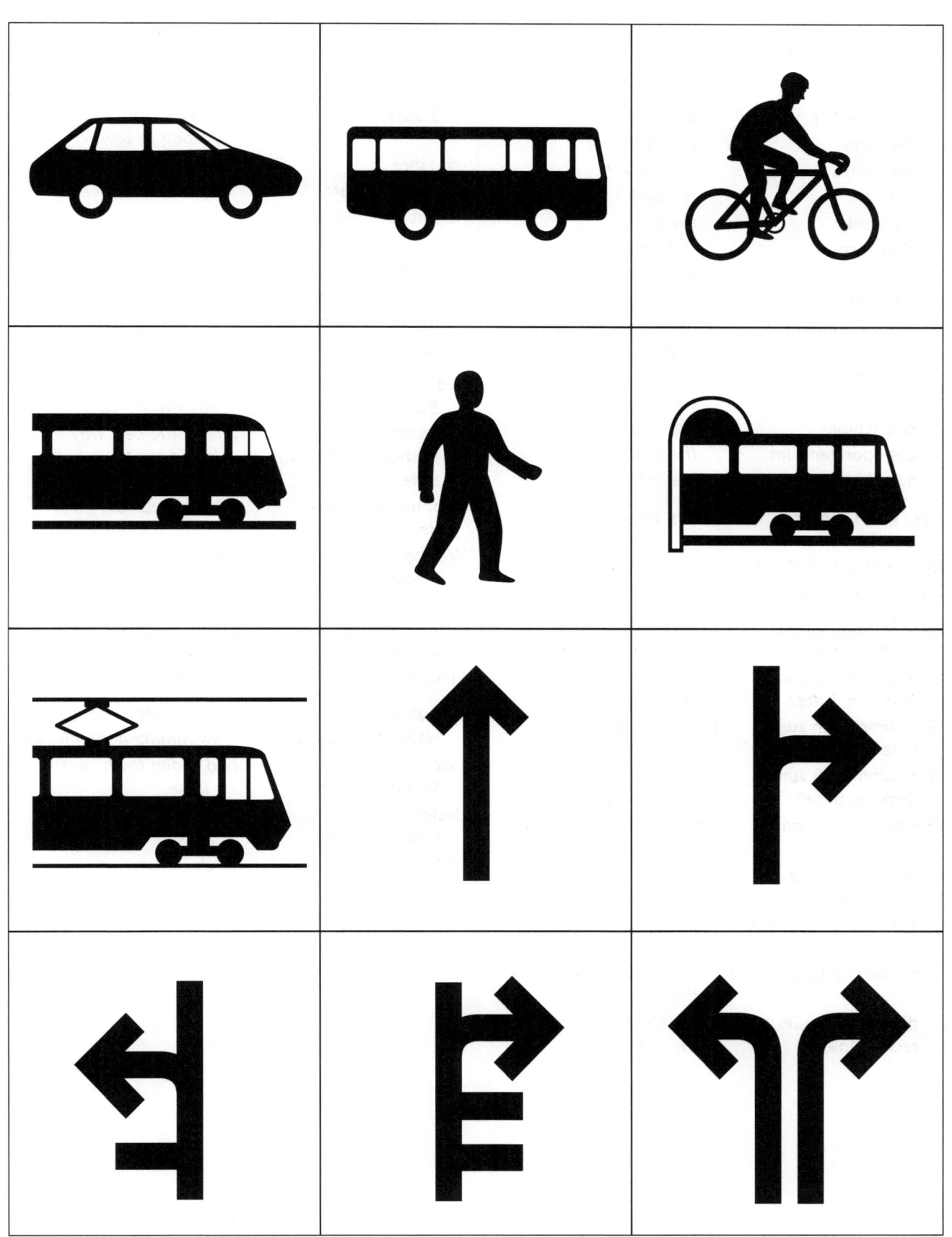

Name: _____

Das ist …	*This/That is …*
der Bahnhof	*the station*
der Dom	*the cathedral*
der Markt	*the market*
der Park	*the park*
die Bank	*the bank*
die Disco	*the disco*
die Kirche	*the church*
die Post	*the post*
das Hallenbad	*the indoor swimming pool*
das Kino	*the cinema*
das Rathaus.	*the town hall*
das Schloss	*the castle*
das Sportzentrum	*the sports centre*
das Theater	*the theatre*
Das ist ein großer Bahnhof.	*That's a big station.*
Das ist eine tolle Disco.	*That's a great disco.*
Das ist ein neues Kino.	*That's a new cinema.*
Entschuldigung, wo ist die Disco, bitte?	*Excuse me, where is the disco, please?*
Wie komme ich zum Bahnhof, bitte?	*How do I get to the station, please?*
Wie komme ich zur Disco, bitte?	*How do I get to the disco, please?*
Wie komme ich zum Schloss, bitte?	*How do I get to the castle, please?*
Geh geradeaus und nimm …	*Go straight on and take … (informal)*
Gehen Sie geradeaus und nehmen Sie …	*Go straight on and take … (formal)*
die erste Straße rechts	*the first street on the right*
die zweite Straße links	*the second street on the left*
die dritte Straße rechts/links	*the third street on the right/left*

Wie fährst du in die Stadt?	*How do you get to town?/How are you getting to town?*
Ich fahre …	*I go/I'm going …*
mit dem Auto	*by car*
mit dem Bus	*by bus*
mit dem Rad	*by bike*
mit dem Zug	*by train*
mit der Straßenbahn	*by tram*
mit der U-Bahn	*by underground*
Ich gehe zu Fuß.	*I walk./I'm walking.*
Wo ist die nächste Bushaltestelle?	*Where is the nearest bus stop?*
Wie komme ich am besten zum Rathaus, bitte?	*What's the best way to get to the town hall, please?*
Nehmen Sie/Nimm die Linie 11.	*Take bus number 11.*
Welche Linie fährt zur Stadtmitte?	*Which bus goes to the centre of town?*
Linie 6.	*Number 6.*
Wann fährt der nächste Bus?	*When does the next bus leave?*
In 10 Minuten.	*In 10 minutes.*
Einmal zum Hallenbad, bitte.	*One (ticket) to the swimming pool, please.*
Zweimal zur Stadtmitte, bitte.	*Two to the town centre, please.*
Dreimal zum Rathaus, bitte.	*Three to the town hall, please.*
Einfach/Hin und zurück.	*Single/return.*
Was kostet eine Fahrkarte?	*How much does a ticket cost?*

Name: _____

1 🔊 Was gibt es in Veronikas und Martins Stadt? Hör gut zu und schreib
V oder *M* in die Kästchen.

2 🔊 Wo ist das? Hör gut zu und schreib die passenden Zahlen auf.

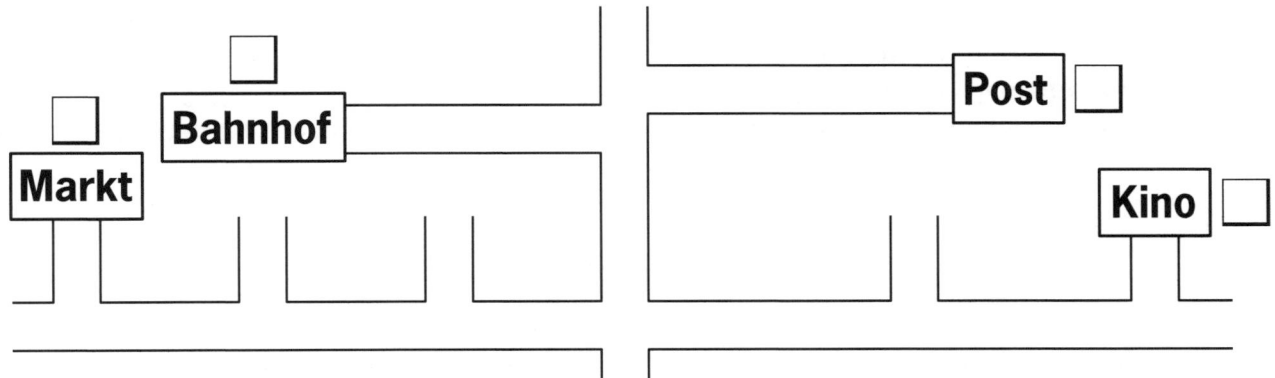

3 🔊 Was gibt es in Hagen und wie
ist alles? Hör gut zu und finde die
passenden Wörter für die Bilder.

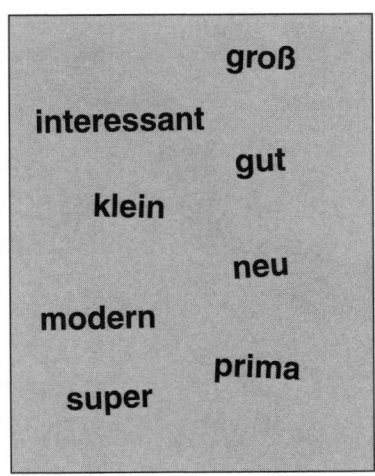

groß
interessant
gut
klein
neu
modern
prima
super

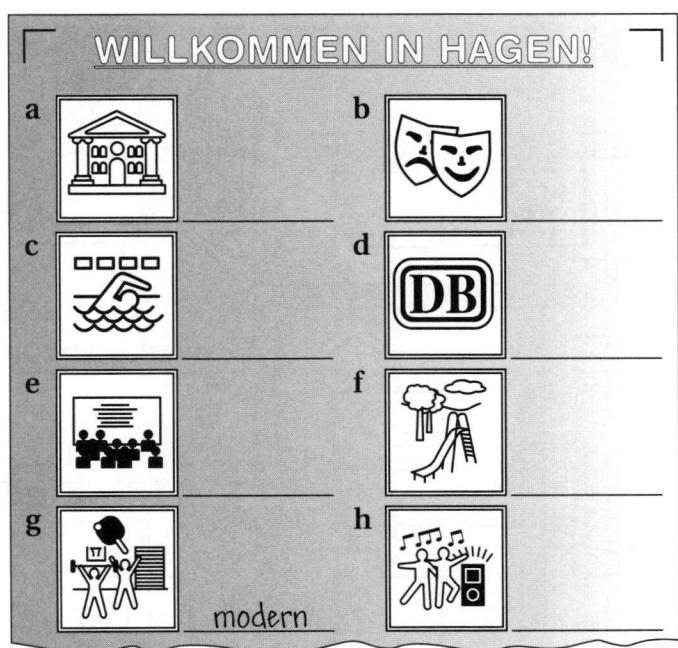

WILLKOMMEN IN HAGEN!

modern

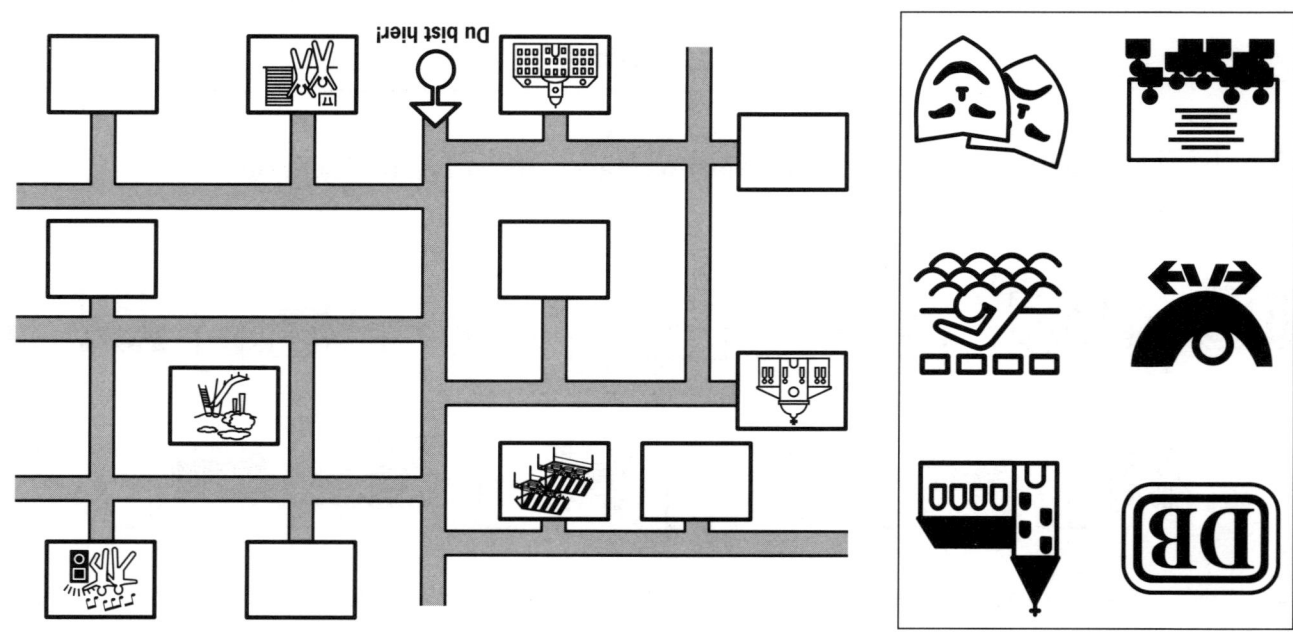

Partner/Partnerin A

1 Frag deinen Partner/deine Partnerin:
„Wo ist ... ? Wie komme ich zum/zur ... ?"
Schreib die Wörter in die Kästchen.
Schreib auch *der*, *die* oder *das* auf.

2 Dein Partner/deine Partnerin fragt: „Wo ist ... ? Wie komme ich zum/zur ... ?"
Antworte mit den Informationen unten.

Partner/Partnerin B

1 Dein Partner/deine Partnerin fragt:
„Wo ist ... ? Wie komme ich zum/zur ... ?"
Antworte mit den Informationen unten.

2 Frag deinen Partner/deine Partnerin:
„Wo ist ... ? Wie komme ich zum/zur ... ?"
Schreib die Wörter in die Kästchen.
Schreib auch *der*, *die* oder *das* auf.

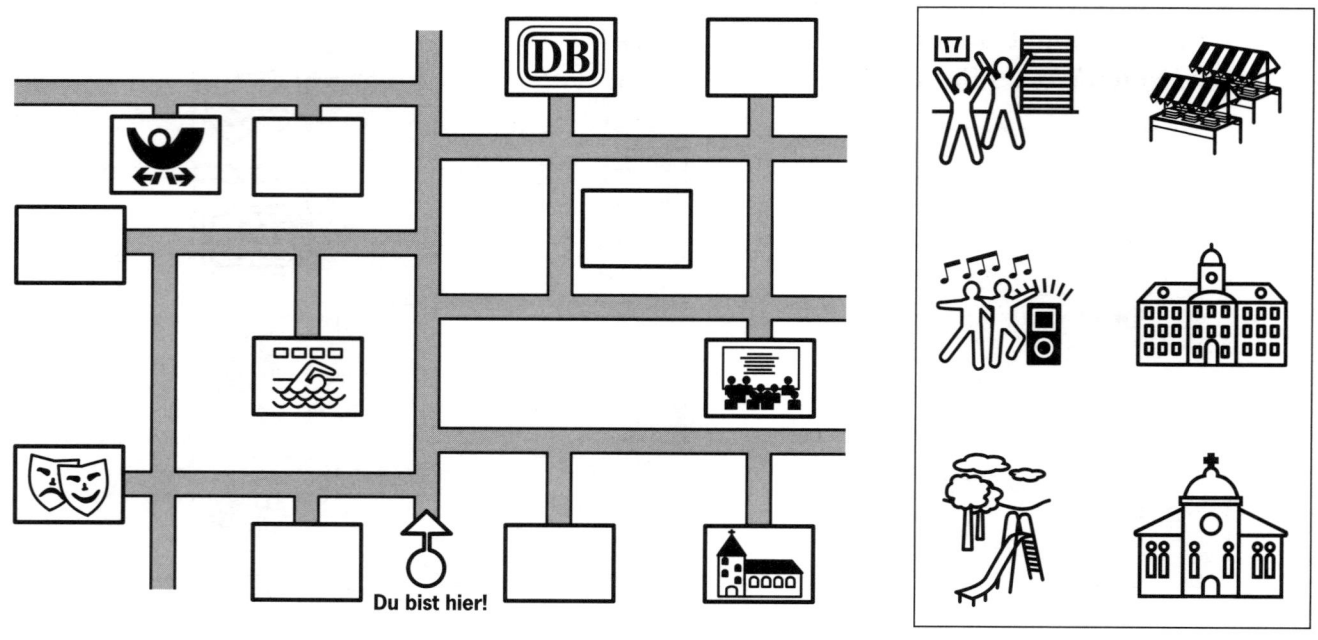

Name: _____

1 Was sagt Familie Monster? Finde die passenden Bilder für die Sätze.

1 Ich fahre mit dem Bus. ☐
2 Ich fahre mit dem Auto. ☐
3 Ich fahre mit dem Zug. ☐
4 Ich gehe zu Fuß. ☐
5 Ich fahre mit der U-Bahn. ☐
6 Ich fahre mit dem Rad. ☐

a   b   c

d   e   f

2 Lies die Broschüre und die Sprechblasen unten. Wer kauft die Frankfurt-Fahrkarte? Wer kauft die Frankfurt-Fahrkarte nicht? Schreib ✓ oder ✗ in die Kästchen.

DAS SUPER-TICKET:
DIE FRANKFURT-FAHRKARTE

Für junge Leute (16 – 25 Jahre alt)
Für Frankfurt (Stadt und Stadtrand)
Für Bus, Zug, U-Bahn und S-Bahn!

Was kostet die Frankfurt-Fahrkarte?

Ein Wochenende (Samstag und Sonntag):   € 5
Eine Woche (Montag - Sonntag):   € 15
Ein Monat (4 Wochen):   € 40

Wo kauft man die Frankfurt-Fahrkarte?

Gehen Sie: zum Bahnhof
zum Busbahnhof
zur Bushaltestelle Sommerstraße

1 Ich komme aus Bonn, und ich bin am Wochenende in Frankfurt. Ich bin 19 Jahre alt. Ich habe kein Auto. ☐

2 Ich wohne in Frankfurt in der Stadtmitte. Ich bin sehr sportlich – ich gehe sehr gern zu Fuß! ☐

3 Meine Schule ist in Frankfurt. Ich wohne am Stadtrand. Meine Lieblingsdisco ist in der Stadt. ☐

4 Ich bin 34 Jahre alt. Ich wohne in einem Dorf auf dem Land. Ich fahre mit dem Auto nach Frankfurt. ☐

Name: _____

1 Schreib die Sätze richtig auf.

1 | komme | zum | ich | Bahnhof | Wie | ? | _____

2 | Stadtmitte | zur | Linie | fährt | Welche | ? | _____

3 | der | fährt | Wann | Bus | nächste | ? | _____

4 | zum | bitte | , | Sportzentrum | Einmal | . | _____

5 | 12 | die | Nimm | Linie | . | _____

6 | zurück | , | Hin | und | bitte | . | _____

2a Was gibt es in Cuxhaven? Was ist das alles? Schreib Wörter für die Broschüre.

Willkommen in Cuxhaven!

Das ist ...

a _____ ein Park _____

b _____

c _____

d _____

e _____

f _____

g _____

h _____

i _____

j _____

2b Wie ist ... ? Schreib Sätze für die Broschüre – benutze die Adjektive im Kästchen.

Beispiel: a Das ist ein großer Park.

alt   groß   gut   modern
klein   interessant   neu
schön   super   toll

2c Du bist dran! Was gibt es in deiner Stadt? Wie ist deine Stadt? Beschreib deine Stadt.

Name: _____

Flashback

When adjectives (words which describe nouns) **follow** a noun they have no additional ending:

masculine	*Der Bahnhof ist* **modern**.	The station is modern.
feminine	*Die Kirche ist* **klein**.	The church is small.
neuter	*Das Hallenbad ist* **groß**.	The swimming pool is big.

But when adjectives are placed **in front of** a noun, they add an extra ending. The ending depends on whether the noun being described by the adjective is masculine, feminine or neuter.

masculine	*Das ist ein modern**er** Bahnhof.*	That is a modern station.
feminine	*Das ist eine klein**e** Kirche.*	That is a small church.
neuter	*Das ist ein groß**es** Hallenbad.*	That is a big swimming pool.

1   **Tom beschreibt seine Stadt. Füll die Lücken aus.**

alt	groß	klein	schön	neu	interessant

Trier ist eine _____ Stadt. Trier hat einen Park –
das ist ein sehr _____ Park! Es gibt auch ein
Sportzentrum – es ist ein _____ Sportzentrum!
Es gibt auch eine Disco. Das ist eine _____ Disco,
finde ich. Trier hat auch einen Markt und ein Theater. Das ist ein
_____ Markt – und ein _____ Theater.

Flashback

If you want to say where you're going to, or ask others how to get to somewhere, you use *zum* or *zur* (*to the …*). *zum* is used for masculine and neuter words, and *zur* is used for feminine words.

m.	der Bahnhof	Wie komme ich **zum** Bahnhof?
f.	die Schule	Ich fahre **zur** Schule.
n.	das Hallenbad	Wie komme ich **zum** Hallenbad?

2   **Was ist richtig? Finde die passenden Wörter.**

1 Ich fahre zum / zur Hallenbad.

2 Wie komme ich zum / zur Busbahnhof?

3 Sandra fährt zum / zur Disco.

4 Wie komme ich zum / zur Post?

5 Wir fahren zum / zur Park.

6 Wie komme ich zum / zur Kirche am Markt?

Name: _____

Flashback

Don't panic when you see a large empty space that needs filling with German words! Take your time reading the instructions carefully, work out what you need to write, and then start writing – bit by bit! Here are some useful suggestions to help you:

- Make some notes in rough first, setting down the information you want to give.
- Think carefully about what you want to write and don't rush! Make sure you write neatly, and concentrate on one sentence at a time.
- Always check through what you've written to check for possible errors:
  - Have you used the right words and are they in the right order in your sentences?
  - Have all nouns got capital letters and are their articles ('a' and 'the') correct?
  - Are the verb endings correct?
  - If you're unsure, you can look things up – in the grammar section and wordlist at the back of the Students' Book, your vocabulary worksheets, the *Grammatik im Fokus* boxes in the units, the *Hilfe* boxes or in your dictionary.

- A good way of learning how to write more in German is to look at existing texts and use the ideas in them to create your own piece of work. And if you're given an example answer, then use it for the pattern of your own answers. Try this in activity 1.

- If you're writing more than one sentence, you can vary the format a bit – you can make a sentence longer by joining it together with another sentence. For this you can use words like *und*, *oder* and *aber*.

Ich fahre in die Stadt. Ich gehe ins Hallenbad. ➡ Ich fahre in die Stadt **und** ich gehe ins Hallenbad.

Ich fahre mit dem Bus. Ich fahre mit dem Rad. ➡ Ich fahre mit dem Bus **oder** ich fahre mit dem Rad.

Ich fahre mit dem Rad. Kai fährt mit dem Zug. ➡ Ich fahre mit dem Rad, **aber** Kai fährt mit dem Zug.

Try doing this yourself in activity 2.

1   **Du bist dran! Lies den Brief und schreib einen Antwortbrief.**

> Ich heiße Ina und ich wohne in Werder. Werder ist eine kleine Stadt. Werder ist sehr schön. Werder hat einen Markt, ein Sportzentrum, ein Hallenbad und einen Park. Der Park ist sehr groß. Werder hat auch einen Bahnhof. Der Bahnhof ist sehr modern. Ich wohne gern in Werder! Und du? Wo wohnst du? Wie ist deine Stadt?

2   **Schreib Sätze mit den Informationen. Benutze *und*, *oder* und *aber*.**

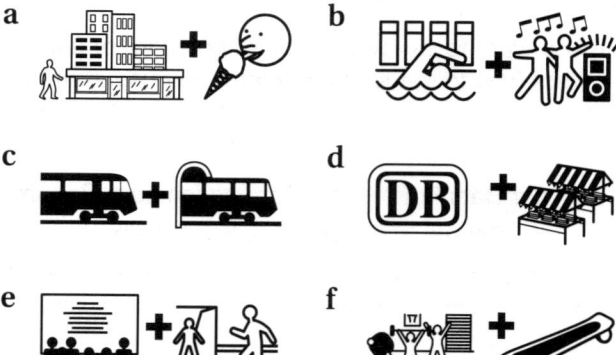

Ich habe Fußball gespielt.	Ich habe Souvenirs gekauft.	Ich habe Mittagessen gemacht.
Wir haben Pizza gemacht.	Wir haben Musik gehört.	Wir haben in der Disco getanzt.
Ich bin zum Park gegangen.	Wir sind Skateboard gefahren.	Wir sind zum Konzert gegangen.

Name: _____

1 📼 Was haben sie am Wochenende gemacht? Hör gut zu und finde die passenden Bilder.

| Heike | f | Thorsten | ☐ |

a   d

| Inga | ☐ | Uwe | ☐ |

b   e

| Mascha | ☐ | Kai | ☐ |

c   f

2 📼 Was machen Anja und Marko am Wochenende? Hör gut zu und finde die passenden Bilder.

a

f

Anja   heute Abend _____d_____

SAMSTAG:

morgens: _____

nachmittags: _____

abends: _____

SONNTAG: _____

b

g

c

h

Marko   heute Abend _____

SAMSTAG:

morgens: _____

nachmittags: _____

abends: _____

SONNTAG: _____

d

i

e

j  **Stadtrand**

Partner/Partnerin A

1a Frag deinen Partner/deine Partnerin:
„Was machst du am Wochenende?"

1b Dein Partner/deine Partnerin fragt:
„Was machst du am Wochenende?"
Antworte mit den Informationen unten.

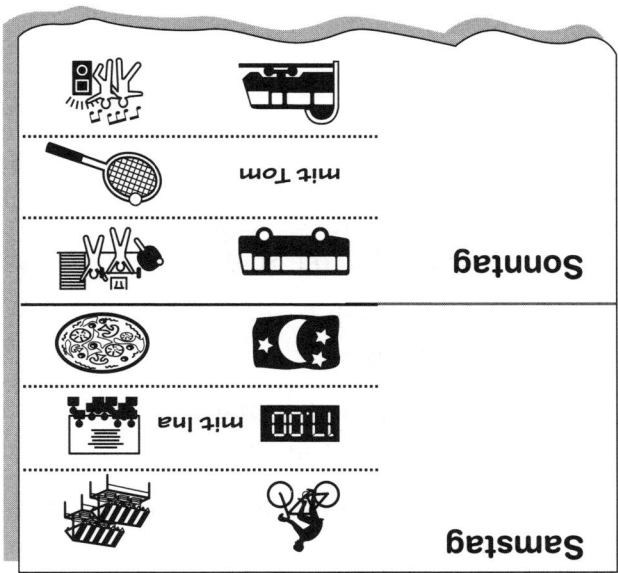

Samstag
mit Ina 11.00
Sonntag
mit Tom

2a Frag deinen Partner/deine Partnerin:
„Was hast du am Wochenende gemacht?"

2b Dein Partner/deine Partnerin fragt: „Was hast du am Wochenende gemacht?"
Antworte mit den Informationen unten.

Partner/Partnerin B

1a Dein Partner/deine Partnerin fragt:
„Was machst du am Wochenende?"
Antworte mit den Informationen unten.

Samstag

12.00
mit Susi

Sonntag

16.00
mit Alex

1b Frag deinen Partner/deine Partnerin:
„Was machst du am Wochenende?"

2a Dein Partner/deine Partnerin fragt:
„Was hast du am Wochenende gemacht?"
Antworte mit den Informationen unten.

2b Frag deinen Partner/deine Partnerin:
„Was hast du am Wochenende gemacht?"

Name: _____

1 Was macht Tom am Wochenende? Finde die passenden Bilder.

1 Ich fahre am Samstag mit dem Rad in die Stadt. ☐ ☐

2 Ich gehe mit Kathi in die Disco. ☐ ☐

3 Ich fahre am Sonntag zum Hallenbad. ☐

4 Ich fahre morgens mit dem Bus zum Markt. ☐ ☐

5 Wir gehen am Samstag zum Sportzentrum. ☐

6 Ich gehe am Nachmittag mit Kai ins Kino. ☐ ☐

a
b
c
d
e
f
g
h
i
j Stadtmitte ➤

2 Was hat Maxi-Monster am Wochenende gemacht? Und wann? Lies den Brief und Maxis Tagebuch und finde die passenden Sätze.

Liebe Henny,
ich bin am Freitagabend in die Stadt gefahren – mit Vladimir-Vampir! Wir sind ins Kino gegangen. Und ich bin am Samstagmorgen ins Computer-Café gegangen. Ich habe dort Computerspiele gespielt – toll! Und am Abend? Ich bin am Samstagabend mit Vladimir in die Disco gegangen. Wir haben in der Disco getanzt – bis 24 Uhr! Ich habe am Sonntagmorgen ein Monster-Sandwich gemacht – lecker! Ich habe am Nachmittag im Wohnzimmer Musik gehört. Und ich habe am Abend für Mini Abendessen gemacht.
Tschüs
Maxi

a Ich mache ein Sandwich.	
b Ich fahre in die Stadt.	
c Ich mache Abendessen.	
d Ich gehe ins Café.	
e Ich höre Musik.	
f Ich gehe in die Disco – ich tanze, tanze, tanze!	

1 **Freitagabend** ☐

2 **Samstagmorgen** ☐

3 **Samstagabend** ☐

4 **Sonntagmorgen** ☐

5 **Sonntagnachmittag** ☐

6 **Sonntagabend** ☐

Name: _____

1a Schreib die Sätze richtig auf.

a | fahre | in die Stadt | mit dem Zug | Ich | . | _____

b | Wir | zum Markt | gehen | am Samstag | . | _____

c | zur Schule | fährt | mit dem Rad | Kai | heute | . | _____

d | ins Kino | Ich | mit Susi | gehe | . | _____

e | Mutti | zum Bahnhof | mit dem Auto | fährt | . | _____

f | fahren | zur Disco | Wir | am Samstag | mit dem Bus | . | _____

1b Du bist dran! Was machst du am Wochenende? Schreib Sätze wie in Übung 1a.

2a Was haben sie am Wochenende gemacht? Finde die passenden Bilder
und füll die Sprechblasen aus.

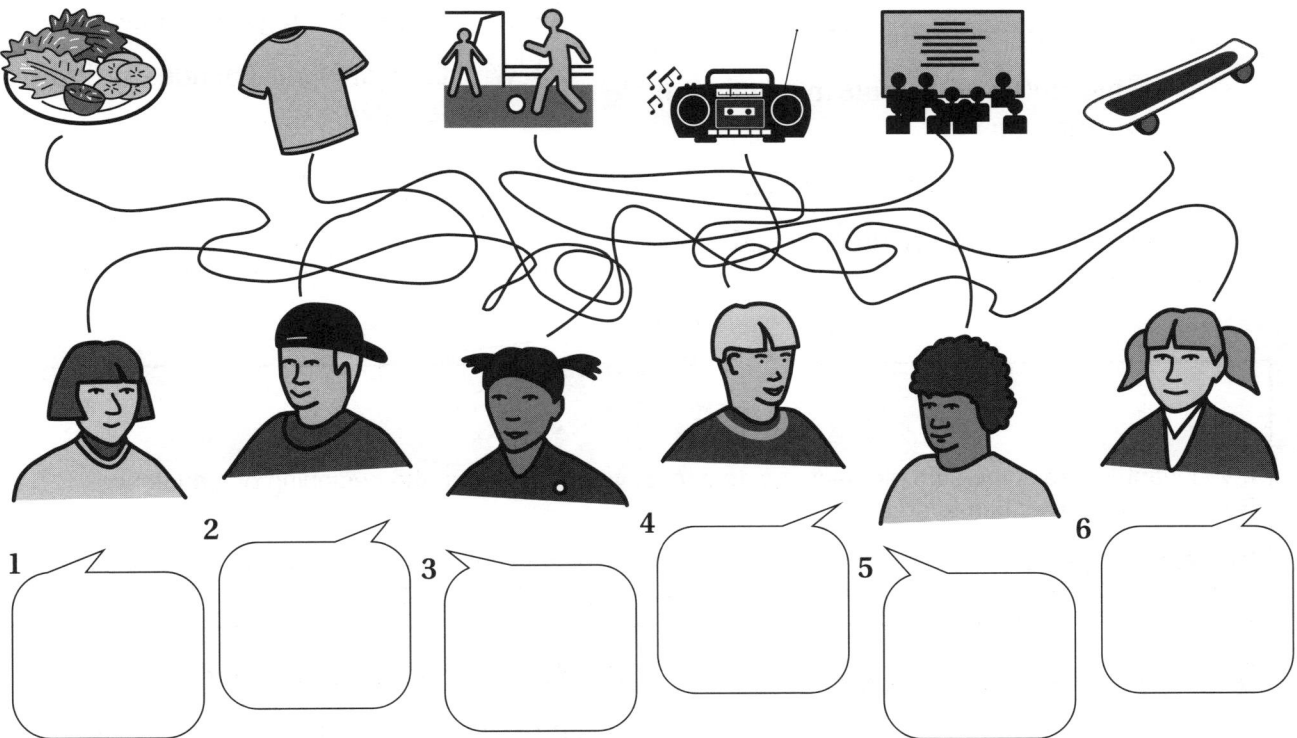

2b Und du? Was hast du am Wochenende gemacht? Beschreib dein Wochenende.

Name: _____

Flashback

In German, when a sentence contains several types of information, they have to follow a certain order: time - manner - place.

	time	**manner**	**place**
Ich fahre	um acht Uhr	mit dem Rad	in die Stadt.
Jan geht	abends	mit Anja	ins Kino.

Even if there are only two types of information in a sentence, they still have to follow this order:

	time	**manner**
Wir fahren	heute	mit dem Rad.

	manner	**place**
Wir fahren	mit dem Rad	zur Schule.

1 Was ist *time, manner* oder *place*? Kopiere die Sätze und schreib *time* in Rot, *manner* in Blau und *place* in Grün.

1 Wir gehen am Samstag zu Fuß in die Stadt.

2 Ich fahre mit dem Bus zum Park.

3 Meine Mutter fährt heute mit dem Auto zum Supermarkt.

4 Ich gehe jeden Tag ins Hallenbad.

5 Wir fahren samstags mit dem Rad zur Disco.

2 Schreib neue Sätze.

Beispiel: 1 *Ich fahre mittags mit der U-Bahn zur Post.*

1 Ich fahre mit der U-Bahn zur Post. (mittags)

2 Katja geht jeden Tag zur Schule. (zu Fuß)

3 Wir fahren am Wochenende zur Eisdiele. (mit dem Rad)

4 Ich fahre mit dem Bus zum Supermarkt. (heute Nachmittag)

5 Wir gehen zu Fuß zur Disco. (abends)

Flashback

If you want to stress the time element in a sentence, you can put it at the beginning of a sentence. But then the subject has to go **after** the verb:

<u>Ich</u> **gehe** *morgens* zur Schule. ⟶ *Morgens* **gehe** <u>ich</u> zur Schule.
<u>Tina</u> **spielt** *um 15 Uhr* Tennis. ⟶ *Um 15 Uhr* **spielt** <u>Tina</u> Tennis.

3 Schreib die Sätze richtig auf.

Beispiel: 1 *Abends sehe ich fern.*

1 fern / ich / Abends / sehe / .

2 Tom / Frühstück / macht / Morgens / .

3 geht / Disco / Samstags / Sandra / in die / .

4 ein / Heute / Picknick / wir / machen / .

5 in die / fahre / Um 14 Uhr / ich / Stadt / .

6 keine / wir / Schule / haben / Am Wochenende / .

Flashback

If you want to talk about something that has happened in the past (last weekend or last week, for example), you use the perfect tense:

Ich **habe** Tennis **gespielt**. | I **played** tennis.
Wir **haben** Musik **gehört**. | We **listened to** music.

For most regular verbs, you need to use the present tense of *haben* and the past participle of the main verb (for example *gespielt*). To form the past participle, you take the stem of the verb (i.e. knock *-en* off the infinitive) and add *ge-* at the start, and *-t* at the end of the stem. Try to work out the past participle of the verbs in activity 1.

Here are some verbs you have come across in the perfect tense in *Klasse! 1*:

ich **habe ge**spielt | I played
du **hast ge**kauft | you bought
wir **haben ge**hört | we listened to

A small number of verbs use *sein* instead of *haben* to form the perfect tense:

Ich **bin** ins Kino **gegangen**. | I **went** to the cinema.
Wir **sind** in die Stadt **gefahren**. | We **went** into town.

Verbs that use *sein* are mainly verbs expressing movement or change (to go, to travel). Their past participles are also irregular. It is best to learn these irregular past participles by heart.

---

1 Schreib die Verben im Perfekt auf.

1 ich mache   ich habe _____

2 du hörst   du hast _____

3 wir spielen   wir haben _____

4 du kaufst   du hast _____

5 ich tanze   ich habe _____

2 Schreib die Sätze im Perfekt auf.

1 Ich spiele Fußball.

2 Wir hören Musik.

3 Du kaufst CDs.

4 Ich tanze in der Disco.

5 Wir machen Pizza!

3 *bin* oder *habe*? Füll die Lücken aus.

1 Ich _____ ins Kino gegangen.

2 Ich _____ Tennis gespielt.

3 Ich _____ Mittagessen gemacht.

4 Ich _____ CDs gehört.

5 Ich _____ zum Sportzentrum gefahren.

6 Ich _____ mit Lukas getanzt.

7 Ich _____ zu Fuß gegangen.

8 Ich _____ ein Buch gekauft.

9 Ich _____ in die Stadt gefahren.

10 Ich _____ am Wochenende viel gemacht!

Name: _____

Flashback

Don't panic if you don't understand everything in a reading text. Often, understanding the main words is enough for you to understand what the text is about. And even if there are a lot of words in the text that you haven't come across before, you can quite often work out their meanings. Use the following tips when you're reading a new text:

- Do any of the words look similar to English ones? If so, they probably have the same meaning in German.
- Do any of the longer words contain other words that you already know? Very often you can guess the rest!
- Do any of the verbs look familiar? If so, then they are probably just a different form of a verb you already know.
- If you still can't work out the meaning of a word, ask your partner or look it up in the wordlist at the back of the Students' Book or in a dictionary.

1 **Lies den Text und finde die passenden Antworten.**

1 Jackie Jones macht …

a Musik. ☐ **b** Mittagessen. ☐

2 Jackie und Ökzem wohnen …

a in der Türkei. ☐ **c** in Deutschland. ☐

3 Jackies Hobbys sind …

a Lesen und Computer. ☐ **b** Sport und Kochen. ☐

2 **Lies den Text noch einmal. Sind die Sätze richtig oder falsch? Schreib ✓ oder ✗ in die Kästchen.**

1 Jackie kommt aus England. ☐

2 Jackie sieht gern Musiksendungen. ☐

3 Jackie wohnt in der Stadt. ☐

4 Jackie macht am liebsten türkische Pizza. ☐

5 Jackie trinkt keinen Tee. ☐

6 Sie spielt zweimal pro Woche Handball. ☐

> Jackie Jones ist ein berühmter Popstar. Jackie schreibt Songs, sie spielt Gitarre und sie singt. Sie kommt aus Amerika, aber sie wohnt seit drei Jahren mit ihrem Ehemann Ökzem in Berlin. Ökzem kommt aus der Türkei. Jackie und Ökzem haben eine komfortable Villa am Berliner Stadtrand: „Wir wohnen unheimlich gern im Grünen – die Berliner Innenstadt ist zu laut, finden wir." Jackie kocht in ihrer Freizeit sehr gern: „Mein Lieblingsrezept ist türkische Gemüsesuppe mit viel Knoblauch und Zwiebeln – lecker! Und ich trinke gern Kräutertee – das ist sehr gesund. " Hat Jackie außer Kochen noch andere Interessen? „O ja, ich bin ein großer Handball-Fan! Handball habe ich in Amerika gelernt. Ich spiele zweimal in der Woche hier im Verein." Jackie lebt gern in Deutschland: „Deutschland ist meine zweite Heimat!"

3 **Was bedeuten diese Wörter auf Englisch?**

1 Gemüsesuppe _____

2 Gitarre _____

3 sie singt _____

4 komfortabel _____

Name: _____

1 📼 Was fragt Peter? Hör gut zu und kreuz die passenden Bilder an.

a ☐   b ☐   c ☐   d ☐   e ☐

f ☐   g ☐   h ☐   i ☐

2 📼 Was hat Angelika wann? Finde die passenden Bilder.

Montag	☐
Dienstag	☐
Mittwoch	☐
Donnerstag	☐
Freitag	☐

a   b

c

d   e

3 📼 Hör gut zu und füll die Steckbriefe aus.

Name	....
Alter	....
Wohnort	....
Familie	....
	....
Haustiere	....
	....

Name	....
Alter	....
Wohnort	....
Familie	....
	....
Haustiere	....
	....

Beispiel: Ich habe einen Opa, …

2b Hör gut zu und kreuz die passenden Personen von Familie B an.

2a Beschreib Familie A.

3 Wo wohnst du?

5 Was ist dein Lieblingsfach?   2 Wie alt bist du?

Partnerin fragt.   4 Hast du Geschwister?   1 Wie heißt du?
Du antwortest.

1b Dein Partner/deine   **1a** Frag deinen Partner/deine Partnerin:

Partner/Partnerin A

Partner/Partnerin B

1a Dein Partner/deine Partnerin fragt.
Du antwortest.

1b Frag deinen Partner/deine Partnerin:

   1 Wie heißt du?

   2 Wie alt bist du?

   3 Wo wohnst du?

                4 Hast du Geschwister?

                5 Was ist dein Lieblingsfach?

2a Hör gut zu und kreuz die passenden Personen von Familie A an.

2b Beschreib Familie B.

   Beispiel: Ich habe eine Oma, …

Name: _____

1 Finde die passenden Bilder für die Sprechblasen.

1 Ich habe einen Hund und ein Meerschweinchen. ☐

2 Ich habe einen Wellensittich und einen Fisch. ☐

3 Ich habe ein Kaninchen und ein Pferd. ☐

4 Ich habe eine Katze, einen Hund und eine Maus. ☐

5 Ich habe eine Katze und ein Kaninchen. ☐

a b c d e

2 Finde die passenden Antworten für die Fragen.

1 Wie geht's? ☐

2 Wie alt bist du? ☐

3 Wie heißt dein Bruder? ☐

4 Wann beginnt Biologie? ☐

5 Wie spät ist es? ☐

a Um halb elf.

b Es ist Viertel nach zwölf.

c Gut, danke.

d Er heißt Manfred.

e Ich bin zwölf Jahre alt.

3 Lies den Brief. Was mag Jan und was mag er nicht? Füll die Tabelle aus.

Hallo!
Ich heiße Jan und ich wohne in Salzburg, in Österreich. Meine Schule heißt Stefan-Bauer-Schule. Sie ist groß und schön. Die Schule beginnt um acht Uhr. Das ist nicht so gut!
Sport ist prima, und mein Lehrer ist sehr freundlich und nett, aber Informatik? Informatik ist nicht mein Lieblingsfach! Informatik ist sehr schwer, finde ich. Musik mag ich auch nicht – ich bin nicht sehr musikalisch! Mein Lieblingsfach ist Erdkunde – meine Lehrerin ist super! Aber Mathe ist schrecklich – ich mag Mathe gar nicht.
Dein
Jan

Jan mag …	Jan mag nicht …

Name: _____

1 Schreib Sätze auf Deutsch.

Beispiel:

Thomas ist alt.

alt	klein		groß	sportlich
---	---	frech	---	---
faul	fleißig	freundlich	jung	leise

a b c d e

f g h i j

2 Was hast du in der Tasche? Schreib eine Liste.

Beispiel:

Ich habe ein Buch, …

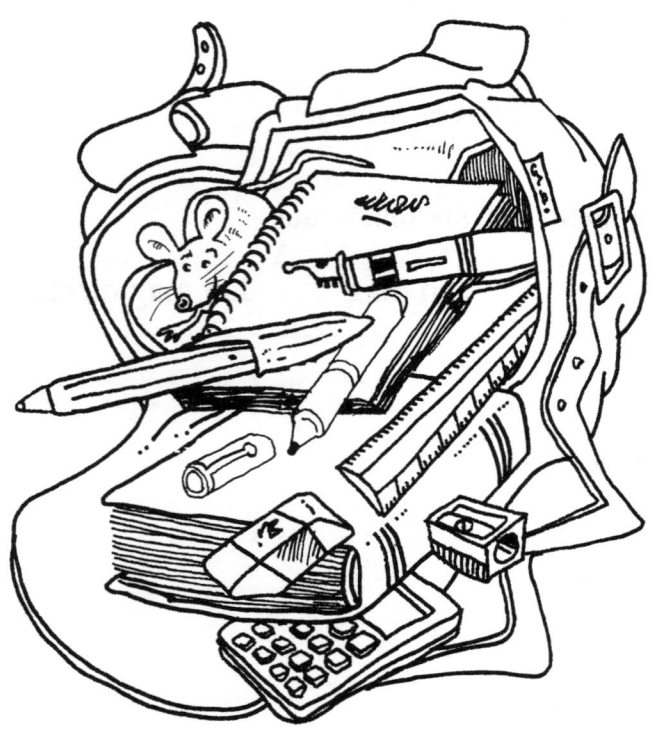

3 Lies den Brief von Martin und schreib einen Antwortbrief.

Hallo!

Ich heiße Martin und ich bin dreizehn Jahre alt. Ich bin groß, sportlich und sehr freundlich.

Ich habe einen Vater, einen Bruder, eine Schwester, einen Opa und eine Tante. Meine Schwester heißt Bettina und ist neun Jahre alt. Sie ist sehr klein und ziemlich freundlich. Ich habe auch einen Hund. Der Hund heißt Max und ist sehr groß – er ist braun und schwarz.

Ich mag Mathe und Naturwissenschaften, aber nicht Geschichte. Mein Lieblingsfach ist Religion. Die Lehrerin ist sehr gut, aber ziemlich laut!

Tschüs
Martin

Name: _____

1 🔊 Was essen Dieter und Eva gern und was essen sie nicht gern?
Hör gut zu und schreib ✓ (gern) oder ✗ (nicht gern).

	☕	🧀	🥛	🍖	🐟	🥬
Dieter						
Eva						

2 🔊 Astrid und Thomas kaufen ein.
Wer kauft was und wo? Hör gut zu und
finde die passenden Bilder. Schreib *A*
oder *T* in die Kästchen.

3 🔊 Herr Jung kauft ein Haus. Hör
gut zu und schreib die Zimmer auf
den Plan.

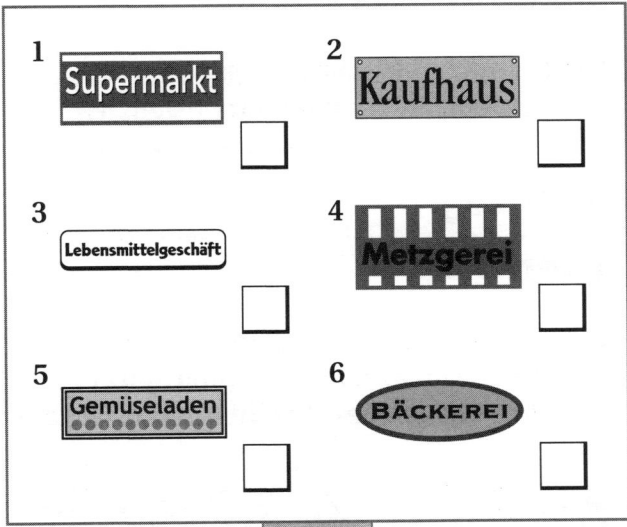

1 Supermarkt ☐

2 Kaufhaus ☐

3 Lebensmittelgeschäft ☐

4 Metzgerei ☐

5 Gemüseladen ☐

6 BÄCKEREI ☐

a ☐

b Limonade ☐

c ☐

d ☐

e CHIPS ☐

f ☐

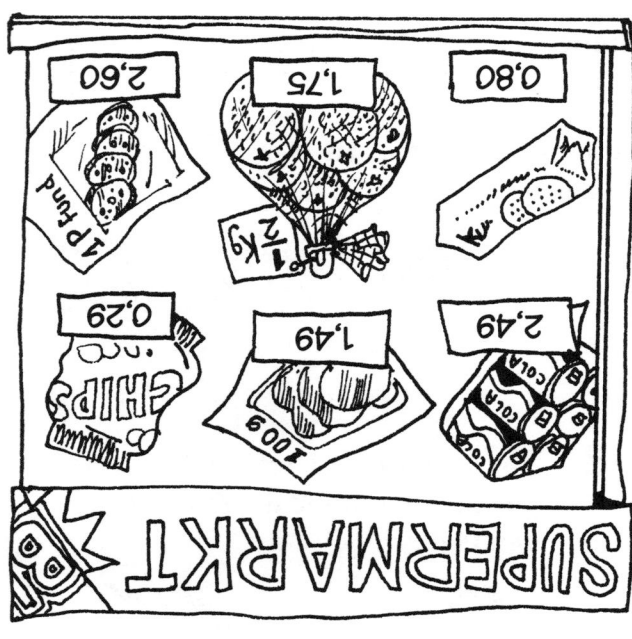

Partner/Partnerin A

1 Du kaufst ein, dein Partner/deine Partnerin arbeitet im Supermarkt. Was kostet alles? Macht Einkaufs-Dialoge.

2 Dein Partner/deine Partnerin kauft ein, du arbeitest im Supermarkt. Macht Einkaufs-Dialoge. Antworte mit den Informationen unten.

Beispiel

A Guten Tag!

B Guten Tag! Was darf es sein?

A Ich möchte 2 Dosen Limonade. Was kostet das?

B 2 Dosen Limonade kosten 40 Cent.

Partner/Partnerin B

1 Dein Partner/deine Partnerin kauft ein, du arbeitest im Supermarkt. Macht Einkaufs-Dialoge. Antworte mit den Informationen unten.

2 Du kaufst ein, dein Partner/deine Partnerin arbeitet im Supermarkt. Was kostet alles? Macht Einkaufs-Dialoge.

Beispiel:

B Guten Tag!

A Guten Tag! Was darf es sein?

B Ich möchte 6 Dosen Cola. Was kostet das?

A 6 Dosen Cola kosten 2 Euro 49.

Name: _____

1 Ina kauft ein. Was kauft sie und was kauft sie nicht? Schreib ✓ (sie kauft)
oder ✗ (sie kauft nicht) in die Kästchen.

eine Packung Käse	☐
vier Becher Jogurt	☐
eine Tüte Chips	☐
zwei Dosen Cola	☐
acht Brötchen	☐
ein Kilo Bananen	☐
eine Flasche Orangensaft	☐
eine Packung Kekse	☐
Brot	☐

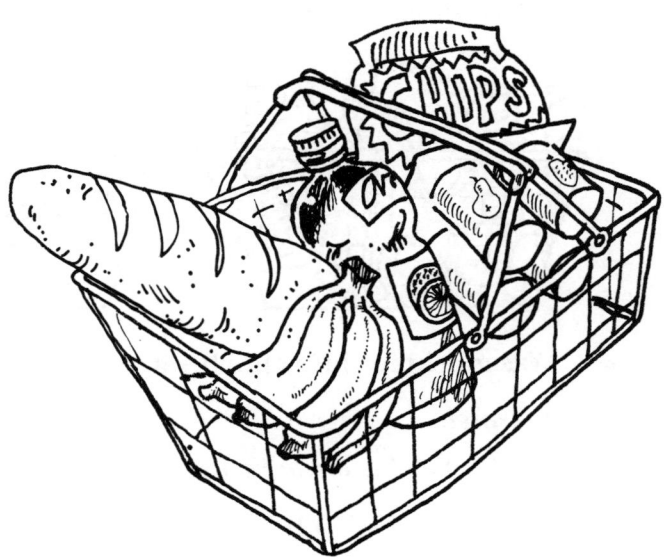

2 Paul beschreibt sein Haus. Lies den Brief und die Sätze unten.
Sind die Sätze richtig oder falsch? Füll die Tabelle aus.

> Ich wohne in der Stadt. Meine Adresse ist Rapoldgasse Süd -
> die Hausnummer ist acht. Wir haben ein Einfamilienhaus. Das
> Haus ist drei Jahre alt und wir haben ein Wohnzimmer, eine
> Küche, drei Schlafzimmer und ein Badezimmer. Ich habe mein
> eigenes Zimmer im ersten Stock. Das Zimmer ist klein, aber
> sehr schön. Es ist blau und weiß - meine Lieblingsfarben. In
> meinem Zimmer gibt es ein Bett, einen Schreibtisch, einen
> Stuhl und einen Schrank. Der Schreibtisch und der Schrank sind
> braun. Ich habe keinen Computer. Ich mag Computerspiele nicht
> sehr gern, aber ich habe einen Fernseher.

	Richtig	Falsch
1 Pauls Adresse ist Rapunzelstraße.		
2 Das Haus hat keine Hausnummer.		
3 Das Haus ist nicht sehr alt.		
4 Pauls Zimmer ist im ersten Stock.		
5 Pauls Zimmer ist groß, weiß und braun.		
6 Paul hat ein Sofa.		
7 Paul spielt gern Computerspiele.		

Name: _____

1 Was kaufen sie? Schreib Sätze.

Beispiel:

Ich kaufe ein Kilo Kartoffeln, …

a  b  c

2 Was möchtest du? Schreib Sätze.

Beispiel:

a *Ich möchte einen Fernseher, einen Computer und eine Lampe.*

a  b  c  d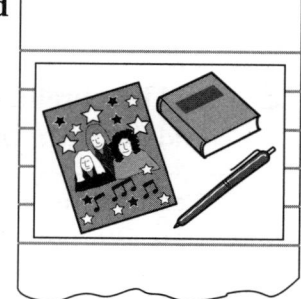

3 Beschreib das Schlafzimmer:

• Was gibt es in dem Zimmer?
Schreib Sätze (acht Informationen).

• Was gibt es nicht in dem Zimmer?
Schreib Sätze (zwei Informationen).

Name: _____

1 🔊 Hör gut zu und finde die passenden Bilder in A und B.

A

a ☐   b DB ☐

c ☐   d ☐

e ☐   f ☐

B

A ◁ ☐   B ↑ ☐

C ◁ ☐   D ▷ ☐

E ☐   F ☐

2 🔊 Hör gut zu und finde die passenden Uhrzeiten für die Sendungen.

Dokumentarfilm ☐	Musiksendung ☐	a 18:00	b 20:00
Nachrichten ☐	Seifenoper ☐	c 23:40	d 19:20
Serie ☐	Sportsendung ☐	e 18:30	f 23:00
Talkshow ☐	Trickfilm ☐	g 21:00	h 18:50

3 🔊 Hör gut zu. Was hat Jasmin gemacht und gekauft? Sind die Sätze richtig, falsch oder nicht im Text? Füll die Tabelle aus.

	Richtig	Falsch	Nicht im Text
1 Jasmin hat sehr viel gekauft.			
2 Jasmin ist mit dem Zug gefahren.			
3 Jasmin hat Cola gekauft.			
4 Jasmin hat Erdbeereis gekauft.			
5 Jasmin ist zum Supermarkt gegangen.			
6 Sie hat einen Rock gekauft.			
7 Sie ist in die Disco gegangen.			
8 Sie hat eine Karte für einen Film gekauft.			
9 Sie hat ein Buch gekauft.			
10 Jasmin hat heute viel Geld.			

Partner/Partnerin A

1a Was machen Thomas und Karin gern/nicht gern und wie oft? Frag deinen Partner/ deine Partnerin und füll die Tabelle aus.

1b Dein Partner/deine Partnerin stellt Fragen über Anna und Karl. Antworte mit den Informationen unten.

	Was ist dein Hobby?	Wie oft machst du das?	Was machst du nicht gern?
Anna			
Karl			
Thomas			
Karin			

2a Frag deinen Partner/deine Partnerin: „Was hast du am Samstag gemacht?"

2b Dein Partner/deine Partnerin fragt: „Was hast du am Samstag gemacht?" Antworte mit den Informationen rechts.

Samstag

Partner/Partnerin B

1a Dein Partner/deine Partnerin stellt Fragen über Thomas und Karin. Antworte mit den Informationen unten.

1b Was machen Anna und Karl gern/nicht gern und wie oft? Frag deinen Partner/deine Partnerin und füll die Tabelle aus.

	Was ist dein Hobby?	Wie oft machst du das?	Was machst du nicht gern?
Anna			
Karl			
Thomas	(walking)	MDMDFSS 5 6 7 8 9 10 11	(roller skate)
Karin	(book)	MDMDFSS 5 6 7 8 9 10 11	www.

2a Dein Partner/deine Partnerin fragt: „Was hast du am Samstag gemacht?" Antworte mit den Informationen rechts.

2b Frag deinen Partner/deine Partnerin: „Was hast du am Samstag gemacht?"

Samstag

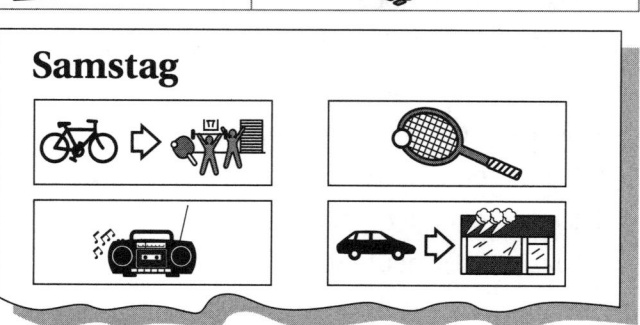

Name: _____

1 Finde die passenden Bilder für die Sätze.

1 Ich lese gern. ☐

2 Ich reite gern. ☐

3 Ich höre nicht gern Musik. ☐

4 Ich sehe nicht gern fern. ☐

5 Ich fahre gern Rad. ☐

6 Ich spiele gern Fußball. ☐

7 Ich schwimme nicht gern. ☐

8 Ich spiele nicht gern ein Instrument. ☐

a    b    c

d    e    f

g    h

2 Welcher Tag ist das? Schreib die richtigen Zahlen auf.

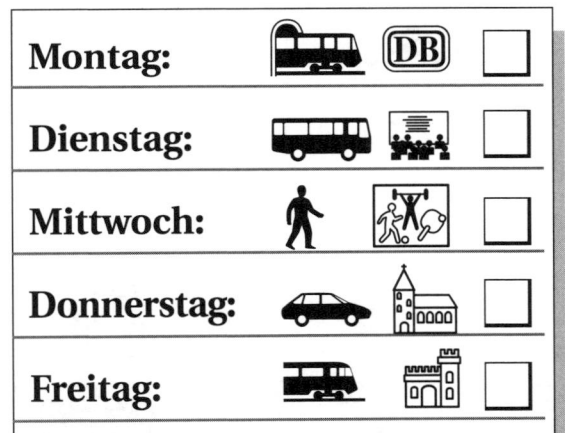

Montag: ☐

Dienstag: ☐

Mittwoch: ☐

Donnerstag: ☐

Freitag: ☐

1 Ich fahre mit dem Zug zum Schloss.

2 Meine Schwester und ich gehen zu Fuß zum Sportzentrum.

3 Mein Vater fährt mit der U-Bahn zum Bahnhof.

4 Meine Familie und ich fahren mit dem Bus zum Kino.

5 Meine Mutter fährt mit dem Auto zur Kirche.

3 Monika ist in England. Was hat Monika am Wochenende gemacht und gekauft? Kreuz sechs Bilder an.

Ich bin hier in England, in Colchester! Colchester ist eine schöne Stadt im Osten und es gibt ein altes Schloss in der Stadt. Wir sind am Freitag zum Schloss gefahren und abends sind wir in die Disco gegangen.

Am Samstag habe ich viele Souvenirs gekauft. Für meine Schwester habe ich ein T-Shirt gekauft und für meine Freundin Katrin habe ich vier Aufkleber gekauft. Die Aufkleber in England sind sehr billig und Katrin findet Aufkleber aus England super. Am Sonntag sind wir ins Kino gegangen und dann haben wir ein Eis gekauft!

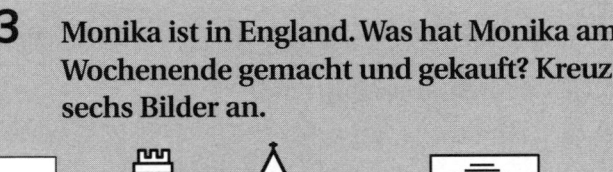

Name: _____

1 Wie schreibt man das auf Deutsch? Schreib die Wörter auf.
Schreib auch *der, die* oder *das* auf.

1 _____ 2 _____ 3 _____ 4 _____

5 _____ 6 _____ 7 _____ 8 _____

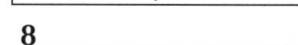  

9 _____ 10 _____

2 Beschreib deine Woche:
- Was hast du gemacht/gekauft?
- Wohin bist du gegangen?
- Wie bist du gefahren?

Montag		
Dienstag		
Mittwoch		
Donnerstag		
Freitag		
Samstag		
Sonntag		